포스트 트럼프 시대, 돈과 권력은 어디로 향하는가

바이드노믹스
BIDENOMICS

매일경제 국제부 지음

매일경제신문사

BIZENOMICS

트럼프 시대의 종언,
미국은 왜 바이든을 택했나

조 바이든의 시대가 열렸다.

미국인들은 2020년 11월 대통령 선거를 통해 도널드 트럼프 대통령의 시대에 종언을 고함으로써 반지성주의anti-intellectualism에서 스스로 벗어났다. 각자도생 신드롬에 빠졌던 세계는 다시 혼돈에서 질서로의 이동을 기대하게 됐다. 77세의 바이든은 전통적으로 신진 정치인을 내세워 집권에 성공했던 민주당의 문법을 깬 인물이다.

무려 47년의 정치 경력을 지닌 그는 워싱턴의 '고인 물'이었다. 대선 출마를 선언하고 아이오와 주와 뉴햄프셔 주 당내 경선에서 잇따라 패배했을 때 바이든은 조롱거리로 전락했다. 하지만 극좌 정치인으로는 승산이 없다는 판단을 내린 미국 민주당 주류가 똘 똘 뭉친 덕분에 마침내 바이든은 본선 티켓을 거머쥐었다. 물론 대선 레이스의 초반부에는 트럼프를 백악관에서 쫓아내야 한다는 민주당 진영의 절박감에도 불구하고 승산은 크지 않아 보였다.

트럼프는 21세기 판 '데마고그demagogue(고대 그리스의 대중선동 정치가)'다. 전형적인 포퓰리스트 정치인이자 타고난 선동가다. 대중의 정서를 자극적인 언어로 휘어잡았다. 내부의 정적들을 '워싱턴의 늪Washington Swamp'으로 낙인찍고, 외부에 있는 중국을 공공의 적으로 삼았다. 그가 내세운 '아메리카 퍼스트'에 대한 백인 저학력 유권자들의 지지는 철옹성처럼 보였다.

하지만 반전은 늘 예기치 못한 곳에서 비롯된다. 중국에서 시작해 미국에 상륙한 전대미문의 코로나19 팬데믹은 행정 경험 부족이라는 트럼프의 최대 약점이 드러난 계기가 됐다. 관료 시스템을 혐오하고 직관적인 국정 운영을 선호했던 트럼프는 코로나19 대응에 결국 실패했다. 올해 미국을 뒤덮었던 인종 차별 반대 시위도 트럼프의 민낯을 드러내는 기제로 작용했다. 미국인들은 트럼프가 부정했던 '정치적 올바름political correctness'을 다시 고민하게 됐다.

그리고 투표의 힘으로 역사의 물줄기를 다시 돌렸다. 대도시 젊은 유전자와 고령자층의 변심이 결정타가 됐다. 하지만 바이든 정권이 갖는 본질적 한계는 안온한 미래를 마냥 낙관하지 못하게 만드는 요인이다. 바이든은 평생을 '중도 리버럴'로 살아온 정치인이다. 8년간 부통령을 지낸 행정 경험은 장점이지만, 여전히 미국의 '영혼'을 되살리겠다는 추상적 언어에 더 어울리는 인물이다.

미국 유권자 다수는 트럼프가 싫어서 바이든을 찍었다. 또 미국은 역사상 최악의 파당 정치에 빠져 있다. 미국 정치의 본류인 의회 중심 시스템이 되살아나기는 힘들어 보인다. 민주당 내부의 노선 투쟁도 예상해볼 수 있다. 트럼프가 버락 오바마 정권의 반대 방향으로만 나아간 것처럼 바이든도 역진 정치만을 추구한다면 더 큰 혼선이 불가피하다. 우리가 기대와 우려를 함께 갖게 되는 이유다.

이 책 1장에서 주목한 부분은 이른바 '바이드노믹스Bidenomics'로 불리는 경제 정책이다. 다중 위기에 처한 미국의 상황을 진단하고 증세와 그린 인프라스트럭처green infrastructure 투자 등 민주당의 경제 정책이 글로벌 경제에 미칠 영향을 다각도로 점검했다. 투자자 입장에서도 좋은 팁을 얻을 수 있을 것이다.

2장에서는 바이든 정권 탄생이 국제 질서와 한반도에 미칠 영향을 분석했다. 미국 우선주의 폐기를 선언하고 동맹과 다자주의에 기반한 전통적 미국 외교로 복귀할 것으로 예상되지만 미국 중심의 질서를 유지하겠다는 방향성은 다르지 않다. 단기간 내에 미중 데탕트를 기대하는 것은 무리다. 한미 양국의 정권은 오랜만에 좌파 성향의 민주당끼리 커플링이 됐지만 북한을 바라보는 시각은 트럼프 정권 때보다 간극이 더 커질 수 있다.

3장에서는 바이든 정권에서 미국이 국내적으로 어떤 변화를 맞이할지 점검했다. 끝으로 4장에서는 바이든의 인생 역정과 함께 향후 백악관과 내각에 입성할 파워 엘리트 그룹을 분석했다. 그는 첫딸과 첫 번째 아내를 사고로 잃고 큰 아들을 병으로 떠나보낸 아픈 인생사를 지녔다. 그가 펜실베이니아 주의 작은 도시 스크랜튼에서 태어나 미국 대통령에 오르기까지 역정은 인내의 가치를 되새기게 한다. 미국의 역대 최고령 대통령이자 존 F. 케네디에 이어 아일랜드계 가톨릭이라는 배경에도 눈길이 간다.

우리는 트럼프 정권 4년을 지켜보며 역설적으로 미국의 영향력을 실감했다. 미국의 국력은 과거에 비해 쇠퇴하고 있지만 여전히 세계를 쥐락펴락하는 나라가 바로 미국이다. 이 책이 바이든 시대가 전 세계에 어떤 변화를 가져올 것인지 가늠하는 데 작은 도움이 된다면 더 바랄 것이 없겠다.

충무로에서,
이은아 매일경제신문 국제부장과 부원 일동

3 바이든 시대, 달라지는 미국

4 바이든과 그의 사람들

1

바이드노믹스의 실체

BIDEN
NOMICS

다중 위기에 처한 미국 경제

미국 뉴욕 맨해튼 52번가 동쪽에 있는 '옴니 버크셔 플레이스 호텔'. 뉴욕현대미술관MoMA에서 도보로 3분 거리인 이곳은 맨해튼 중심부에서 영업해온 이 지역 대표 인기 호텔이었다. 이곳은 최고의 입지와 역사를 갖춘 호텔로 2020년 2월까지만 해도 예약하기가 '하늘의 별 따기'였다. 그러던 이곳에 건축 쓰레기를 가득 담은 덤프 차량이 드나들기 시작했다. 호텔 건물 주변에는 가림막이 처 있었고, 폐업 공사가 진행되었다. 지난 94년 동안 기품을 유지해온 호텔의 위풍당당함은 온데간데없이 사라졌다. 399개 객실을 바탕으로 맨해튼 중심부에서 역사를 써온 호텔이 이렇게 쓰러져간 것이다.

호텔 측은 "호텔을 영구 폐쇄하는 엄청나게 고통스러운 결정을

맨해튼 52번가에 위치한 옴니 버크셔 플라자 호텔.
코로나19 사태로 96년 만에 호텔 영업을 영구 종료했다. 호텔 주변에는 건축 폐기물들이 쌓여 있다.

내렸습니다. 지난 세월 동안 손님 수백만 명을 응대했습니다. 작별 인사를 하게 되어 애통합니다"라고 공지했다. 2020년 3월 뉴욕에서 코로나19 사태가 급속히 확산하면서 투숙률이 15%로 급락했고 호텔업이 쉽사리 예전 수준으로 돌아오지 않을 것이라고 판단한 건물주가 이런 결정을 내린 것이다.

뿐만이 아니었다. 뉴욕에서 관광객이 가장 많이 몰리는 타임스스퀘어 한복판에 있는 '힐튼 타임스퀘어' 호텔도 2020년 9월 영구 폐쇄를 결정했다. 늘 인산인해를 이루던 이 호텔이 영구 폐쇄된 것은 뉴욕의 미래를 의심케 하는 충격적인 뉴스였다.

2019년 말 기준 뉴욕 시에서는 703개 호텔이 영업 중이었고, 객실은 13만 8,000개였다. 호텔은 전년 대비 31개 늘어났고 객실은 1만 6,000개 늘어났다. 그런데도 평균 투숙률은 80%를 넘었다. 특히 가을 유엔총회 등 큰 행사가 열리는 시기가 되면 뉴욕 호텔들은 평소 가격의 3~4배를 받기도 했다. 하지만 이제 이런 숫자는 다시 경험할 수 없는 역사 속 한 페이지로 사라져버리고 말았다. 〈월스트리트저널〉은 전체 객실 중 약 20%(2만 5,000개)가 영구히 사라질 것으로 전망했다. 코로나19 사태로 직격탄을 맞은 세계 심장부인 뉴욕 맨해튼의 현주소다. 하지만 이는 미국 경제의 어려움을 보여주는 한 단면에 불과하다.

멀어지는 V자 반등과 백신개발 지연

조 바이든 미국 대통령 당선자 앞에는 한 치 앞을 알 수 없는 긴 터널이 놓여 있다. 당장 다중 위기에 처한 미국 경제를 수렁에서 꺼내 올리는 것이 급선무다. 2020년 10월 말부터 시작된 코로나19 재확산은 회복실로 옮겼던 미국이라는 환자를 다시 중환자실로 소환했다.

회복탄력성을 잃어가고 있던 미국 경제는 2차 대유행 확산으로 다시금 회복 동력을 상실하고 있다. 신규 부양책 협상이 대선

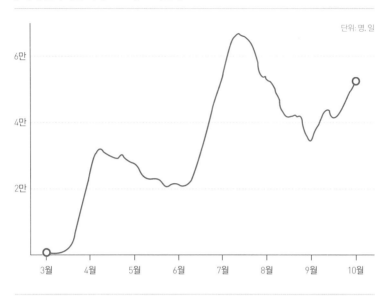

단위: 명, 일

출처: 존스홉킨스대, CNBC, 매경DB

일정 때문에 쉽게 합의가 되지 않고 공회전한 여파까지 겹치며 미국 경제는 멍이 심하게 들었다. 도널드 트럼프 대통령과 낸시 펠로시 미국 하원의장은 5차 부양책을 놓고 4개월이 넘게 정치적 샅바 싸움만 계속했다. 서로 공수표만 날린 정쟁의 대가는 크다.

2020년 10월 발표된 IMF의 세계경제 전망 보고서에 따르면 2020년 미국의 경제성장률은 -4.3%에 그치고, 2021년에는 3.1%에 그칠 전망이다. 낮은 기저 효과에도 불구하고 2021년까지 제대로 회복이 이뤄지지 않는다는 이야기다. 다시 말해 2022년이 되어

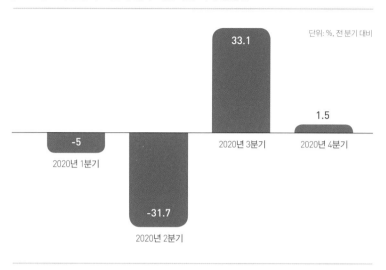

▌3분기 반짝 반등 후 4분기 위축 예상되는 미국 성장률

단위: %, 전 분기 대비

33.1

2020년 3분기

1.5

2020년 4분기

-5

2020년 1분기

-31.7

2020년 2분기

출처: 컨퍼런스보드, 매경DB

서야 3년 전인 2019년 수준을 회복할 수 있을 것으로 보인다. 코로나19 사태는 미국 경제가 최소 3년 후퇴하는 결과를 초래한 것이다. 중국이 2020년, 2021년 각각 1.9%, 8.2% 성장할 것으로 예상된 것과 비교하면 코로나19 사태로 인한 미국의 타격이 얼마나 심한지 알 수 있다. 이렇게 미국이 역주행하는 사이 중국은 정주행을 지속했고 중국이 미국을 앞질러 세계 1위 GDP 국가로 등극하는 것이 2030년으로 앞당겨졌다는 분석이 나오고 있다.

경제는 심리다. 전 세계 경제가 다시 바닥을 딛고 일어나기 위해서는 코로나19 치료제·백신 개발이 급선무다. 하지만 이 일정

마저 매우 지연되고 있다. 앤서니 파우치 국립알레르기·전염병연구소 소장은 광범위한 백신 접종이 이뤄지는 것은 2021년 말에나 가능할 것으로 예상했다. 파우치 소장은 "인구의 상당 비율을 대상으로 백신 접종을 하는 것은 2021년 2분기나 3분기까지는 매우 어려울 것"이라고 예상했다. 당초 2021년 상반기에는 일반인들의 접종이 어느 정도 가능하리라고 예상했던 것에 비해 상당히 지연된 일정이다. 트럼프 대통령은 대선 전에 백신 접종이 가능할 것이라고 수차례 공언했지만 결국 대선을 앞두고 날린 '공약空約'에 그쳤다.

마이크로소프트 창업자인 빌 게이츠 역시 파우치 소장과 비슷한 전망을 했다. 게이츠는 최근 〈월스트리트저널〉 CEO 카운슬에 참석, "2021년 말쯤이면 일들이 정상에 아주 가깝게 돌아갈 것이고 그게 최선의 경우"라고 말했다. 게이츠는 "우리는 여전히 이 (임상시험 단계의) 백신들이 성공할 수 있을지 알 수 없다"며 "(백신) 생산 능력 증대에는 시간이 걸릴 것"이라고 전망했다. 최소 1년 이상은 백신으로 인한 혼란이 불가피하고 그 기간 동안 경제 역시 상당기간 암흑기가 될 것임이 불가피하다는 예측이다.

문제는 이런 보수적 전망조차 빗나갈 가능성이 높아지고 있다는 점이다. 존슨앤드존슨J&J 등 백신 개발에 앞서 있다고 평가받던 회사들이 임상시험 중 부작용으로 개발과정이 지연되는 사태를 겪었다. 이런 사태는 앞으로도 빈번히 일어날 것으로 예상된다.

백신 개발에는 3상 임상시험까지 필수적으로 요구되는 물리적 시간이 있다. 하지만 이번에는 지나치게 촉박한 일정에 따라 백신 개발이 추진되다 보니 초기에는 대혼란이 불가피할 것으로 보인다. 특히 약효가 제대로 검증되지 않은 백신들이 우후죽순처럼 나올 경우 성능에 대한 논란이 야기될 경우 불안감을 더욱 증폭시킬 가능성이 있다. 2단계와 달리 3단계 임상시험은 상당히 큰 모집단을 대상으로 이루어진다. 이를 최대한 압축적으로 진행하다 보니 뒤늦게 부작용이 나타나 전면 회수하는 일이 발생할 가능성이 적지 않다는 것이 전문가들의 전망이다. 이 과정에서 바이러스 변종이 일어나면 그간 백신 연구가 물거품이 될 우려도 적지 않다. 치료제 개발 역시 첩첩산중이다.

모기지 시장발發 신용위기 발발 가능성도

이 와중에 하나 꼭 주목해야 할 대목이 있다. 바로 코로나19에 따른 경제위기는 인위적인 경제활동 봉쇄에서 비롯된 것이라는 점에만 집중할 때 빠질 수 있는 오류다. 이제까지 이번 경제위기는 경제시스템 자체의 문제로 비롯된 것이 아니기 때문에 백신 개발이 진행되면 빠른 시일 내에 경제가 회복할 수 있다는 낙관론이 많았다.

하지만 이런 전망에 찬물을 끼얹는 비관적 예측이 있다. 일각에서 제기되는 '제2의 금융위기' 출현 가능성이다. 미국은 주별로 구체적인 조치가 다르지만 소득이 급격하게 감소한 임차인을 위해 집 렌트비 납부를 몇 개월간 유예해준 곳이 많다. 선거를 앞두고 주별로 경쟁적으로 임대인을 압박해, 임차인이 임차료를 연체하더라도 강제로 퇴거시키지 못하게 막아놓았다.

임대인은 대부분 모기지(장기주택담보대출)로 주택을 구입했고, 임차인에게서 받는 렌트비로 모기지를 갚는 경우가 많다. 이 부분에 신용경색이 발생하면, 부동산 시장만의 문제로 끝나지 않는다. 대규모 부실채권은 금융기관의 목을 죄게 된다. 서브프라임 사태에서 봤듯이, 연쇄적인 부동산발發 신용위기는 금융 시스템 위기를 초래한다.

세계은행WB의 수석 이코노미스트 카르멘 라인하르트는 블룸버그TV와 인터뷰에서 코로나19 대유행이 경제위기로 모습이 바뀌고 있다고 진단했다. 그러면서 금융위기 출현 가능성을 경고했다. 라인하르트는 케네스 로고프 하버드대 교수와 금융위기를 연구해 펴낸 《이번엔 다르다This Time is Different》라는 베스트셀러로 유명한 석학이다. 2020년 6월부터 세계은행 수석 이코노미스트를 맡았다.

라인하르트는 "이번 위기는 금융위기로 시작되지는 않았지만 금융부분에 매우 심각한 결과를 초래할 큰 경제 위기로 변모하고 있다"고 말했다. 그러면서 "앞으로 갈 길이 멀다"고 덧붙였다. 라인하르트는 이런 위기를 막기 위해 적극적인 재정·통화정책의 중요성을 강조하고 있다. 라인하르트는 "지금은 전시 상황이다. 전시에는 정부가 전시 예산을 어떻게든 마련해야 한다"며 "지금은 그런 끔찍한 요청이 있는 시기"라고 강조했다. 이런 목소리에 아직 귀를 기울이는 사람이 아직은 적다. 하지만 미국 대선이 끝나고, 정권 교체가 이뤄지면 이런 문제들이 수면 위로 올라올 가능성이 적지 않다. 당연히 발생할 필연적 수순을 애써 감춰왔기 때문이다.

회복세를 멈추고 제자리걸음을 하고 있는 일자리 시장은 바이든 당선자의 가장 큰 숙제다. 위기 발생 후 7개월이 지난 2020년 10월에도 주간 신규 실업수당 청구 건수는 여전히 70만~90만 건에 달했다. 신규 실업수당 청구 건수는 2020년 3월 넷째 주에 700만 건에 육박하며 정점을 찍은 뒤 계속해서 감소해왔고, 감소 폭도 둔화되어왔다. 주간 단위로 전주보다 신규 실업수당 청구 건수가 늘어나는 경우도 있었다.

하지만 2020년 10월 하순부터 확진자가 눈에 띄게 늘어나고 있어 주별로 경제 봉쇄 해제 계획을 원점으로 되돌리면 실업자는 다시 양산될 전망이다. 신규 실업수당 청구 건수가 다시 늘어나는 '역주행'이 예상되는 것이다. 일자리 시장이 회복되지 않으면 미국 경제를 떠받드는 소비 회복은 요원해지는 악순환이 불가피하다. 천문학적인 재정적자는 미국 경제를 끌어내리는 아킬레스건이 될

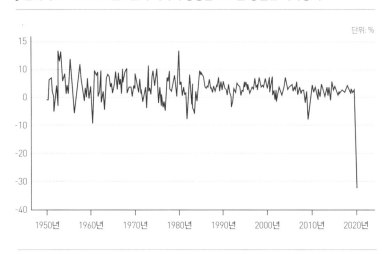

단위: %

출처: 포천

전망이다. 미국 재무부에 따르면 2020회계연도 재정적자가 3조 1,320억 달러를 기록, 전년 대비 3배 이상 증가했다. 글로벌 금융 위기를 겪었던 2009 회계연도에도 재정적자는 1조 416억 달러에 불과했다. 재정적자 규모만 3배로 커진 셈이다. 코로나19 사태로 2020년 상반기에 네 차례에 걸친 경기부양책으로 지출은 급증했 지만 경기 악화로 인해 세수는 크게 줄었다. 2020 회계연도 지출 은 전년대비 2조 105억 달러가 늘어난 6조 5,500억 달러를 기록했 다. 코로나19 사태 대응 예산이 급격히 늘었기 때문이다. 이런 추 세는 당분간 계속될 전망이기 때문에 재정 여건은 갈수록 악화될 것으로 예상된다.

FDR의 재림, 역대급 경기부양

"나는 FDR(프랭클린 D. 루스벨트 전 대통령)이 처했던 그런 위치에 있다. FDR이 당시 한 일은 이데올로기에 따른 것이 아니었다. 그것은 완전히 실용주의에 따른 것이었다."

조 바이든 당선자가 대선 전 〈뉴욕커The New Yorker〉와 나눈 인터 뷰에서 한 말이다. 짧은 몇 마디 안에 바이든이 어떤 정책 노선을 펼쳐가고 하고 싶은지 응축되어 있다.

바이든은 최대 현안인 코로나19 대응과 관련해 루스벨트식 뉴 딜 접근론을 계획하고 있다. 트럼프 대통령이 이번 사태에 대해 각 주州에 맡기고 연방정부 차원에선 방관자적 스탠스leave-it-to-the -states를 취한 것이 패착이라고 보고 있다. 대공황을 극복했던 루스 벨트식의 정부의 강력한 개입을 통해 미증유의 위기 극복에 나서

2019년 필라델피아 유세 당시 바이든 후보

겠다는 뜻이다. 이미 선거공약에서도 이런 입장을 내세웠다.

바이든이 우선적으로 정부의 적극적인 개입이 필요하다고 보는 분야는 ▲코로나19 검사 대폭 증대 ▲지속적인 보호장구 공급책 확보 ▲백신 유통과 학교·병원용 예산확보 등 크게 3가지다. 전국적으로 마스크를 의무화하는 정책을 채택할 가능성도 있다.

코로나 대응서 루스벨트식 적극개입 의지

바이든이 이런 전략을 짠 것은 코로나19 확산을 막고, 단기간에 경기 회복을 위해서다. 〈뉴욕타임스〉는 "바이든은 당선 이후에 '국가공급망책임자national supply chain commander'를 임명해, 보호장구와 코로나19 진단 키트 생산과 유통을 관리하게 할 것"이라고 예상했다. 또한 〈뉴욕타임스〉는 트럼프 대통령이 공급체계를 정비하기 위해 동원했던 국방수권법Defense Production Act을 더 공격적으로 사용할 것이라고 전망했다. 〈뉴욕타임스〉는 바이든은 최소 10만 명을 동원해서 코로나19 관련 접촉을 추적하고 확진 사태를 줄이는 역할을 맡기고 싶어한다고 보도했다. 코로나19 검사량을 늘리기 위해 '팬데믹 테스트 이사회' 필요성까지 요구했다. 루스벨트 대통령이 뉴딜 정책을 펴며 '전시 생산 이사회War Production Board'를 구성했던 것에 착안한 것이다.

이에 대해서 트럼프와 공화당은 개인의 자유를 억압하는 정책이라며 비판의 날을 세웠다. 공화당은 바이든의 정책에 대해서 "연방정부가 개인과 개별 주州의 권리를 대신하는 사회주의 실천"이라고 비판을 퍼부었다. 하지만 바이든은 인수위 출범과 함께 이모든 것들을 속전속결로 진행하고 있다.

바이든은 부통령 시절 팬데믹에 대한 미국의 대응력을 향상시키는 일을 버락 오바마 당시 대통령과 해왔음을 강조해왔다. 또 2020년 1월 미국에서 첫 코로나19 확진자가 나오기 전부터 바이든은 트럼프 대통령이 오바마 행정부 시절 본인들의 업적을 역행시키고 있음을 지적해왔다. 2019년 10월 예언이라도 한 듯한 바이든의 발언도 최근 다시 화제가 됐다. 당시 바이든은 트위터에 "우리는 팬데믹에 대한 대비가 되어있지 않다"며 트럼프 대통령을 공

루스벨트 대통령

격했다. 이런 경험을 바탕으로 루스벨트식으로 코로나19 사태를 개척해 나가겠다는 것이다.

코로나19 사태에 대한 대처는 물론 일반 경제정책 분야에서도 루스벨트식 대규모 부양대책이 나올 가능성이 높다.

바이든은 과감한 정부지출에 나서겠다고 예고했기 때문에 이런 정책이 경기 회복의 마중물이 될 수 있을지 주목된다. 바이든 캠프 경제자문인 제러드 번스타인 전 오바마 행정부 수석이코노미스트는 "경제를 단순히 팬데믹 이전으로 정상화하는 것은 목표를 지나치게 낮게 잡는 것"이라고 말했다.

바이든은 4년간 2조 달러 규모 그린뉴딜 정책을 예고했기 때문에 이 분야에서 새로운 성장동력을 찾을 수 있을지 주목된다. 이런 정책은 막대한 정부 보조금을 필요로 하기 때문에 총요소생산성을 떨어트릴 것이라는 후버연구소의 분석도 나왔다.

이런 논란이 있지만 대규모 경기 부양 패키지는 다른 경제권에 일단 긍정적 영향을 줄 것으로 보인다. 골드만삭스는 바이든이 승리하고, 의회까지 민주당이 장악하면 경기부양 패키지가

2021~2022년 유럽 지역 GDP를 총 0.5% 끌어올릴 것이라는 전망을 내놓았다. 대중국 무역압박 양상이 완화되며 대선 직전과 마찬가지로 위안화 강세가 이어질 가능성이 있다.

바이든은 이런 정책을 펴기 위해 다양한 증세 방안을 마련할 것으로 예상된다. 바이든이 내세운 법인세율 인상과 금융권에 대한 규제 강화 등이 미국 기업들의 일자리 확대와 투자 의욕을 위축시킬 우려도 있다.

그러나 얀 하치우스 골드만삭스 이코노미스트는 "바이든이 선호하는 경기 부양책의 경제 성장 효과가 세금 인상에 따른 부정적 영향보다 크다"고 평가했다. CNBC는 바이든이 제안한 신규 지출 제안은 인프라, 교육, 주택 등 부문에서 10년간 5조 4,000억 달러에 이른다고 분석했다. 반면, 고소득자와 법인에 대한 세율 인상 등을 통한 10년간 증세 규모는 2조 4,000억 달러 수준이라고 세금 정책 센터를 인용한 수치를 소개했다. 그는 "2021년 1분기 추가 경기부양은 물론 인프라와 기후 관련 법안이 잇따를 것"이라고 전망했다.

바이든과 트럼프가 첨예하게 충돌했던 큰 이슈는 기후변화 문제 대응 방식이다. 바이든은 테네시 주 내슈빌 벨몬트대학에서 열린 대선 전 마지막 TV 토론에서 청정 에너지 산업의 구축이 "수백만 개의 일자리를 창출할 것"이라고도 강조했다. 또 "지구 온난화는 인류에 대한 실존적 위협"이라면서 "우리는 이 문제에 대처해야 할 도덕적 의무를 갖고 있다"고 기후변화 문제를 부각시켰다. 취임 후 파리기후변화협정에서 탈퇴한 트럼프 대통령을 꼬집은 것이다. 트럼프는 토론에서 "우리가 수조 달러를 지출해야 하기 때문에 탈퇴한 것"이라면서 "그것은 우리 기업들을 망칠 것"이라고 주장했다. 바이든은 이에 대해 트럼프를 가리키면서 "이 남자가 4년 더 (대통령으로 재직하면서) 청정 기후를 위해 우리가 도입한 모든 규제를 없애버린다면 정말로 우리를 위험에 처하게 만들 것"이라며 "앞으로 8～10년 안에 돌아올 수 없는 다리를 건너게 될 것"이라고 강조했다.

연준과 '미국경제 구하기' 공조 여부 관심

이렇게 돈 풀기에 나서려면 무엇보다 미국의 중앙은행인 연방준비제도Fed(연준)의 협조가 절대적이다. 미국 경제를 떠받들어온 연준의 역할이 바이든 시대에 어떻게 변할지가 관심사다. 특히 제롬 파월 연준 의장의 거취에 따라 시장은 큰 영향을 받을 것으로 예상된다. 숱한 정치적 논란 속에서도 파월 의장은 묵묵히 할 일을 하며, 이번 위기 대응에서 소방수 역할을 하고 있다. 2018년 트럼프가 지명한 파월 의장의 임기는 2022년 2월에 끝난다. 〈CNN 비즈니스〉는 대선 전부터 바이든이 대통령에 당선되더라도 파월 의장을 연임시킬 가능성이 있다고 보도했다. 파월 의장은 월가에서 좋은 평판을 받고 있는 점이 강점이다.

바이든은 대선에서 승리할 경우 트럼프 정부에서 임명된 인사들을 일부 등용할 의사를 내비친 적이 있다. 앤서니 파우치 미국 국립알레르기·전염병 연구소장을 유임하겠다고 밝힌 것이 대표적이다. 바이든이 후보 시절 파월 의장에게 이런 공개적인 의사를 표시한 적은 없다. 파월 의장이 때로는 트럼프 대통령과 공개적인 충돌을 빚었지만 코로나19 사태에 성공적으로 대처해왔다는 점이 고려될 것으로 보인다.

연준 의장이 연임된 사례가 없는 것도 아니다. 2008년 당선된 버락 오바마 당시 대통령은 민주당 출신이지만 공화당 출신 전임자인 조지 W. 부시 대통령 시절 임명된 벤 버냉키 당시 연준 의장을 연임시켰다.

연준은 2023년까지 제로금리 정책을 지속적으로 펼칠 것임을 시사한 바 있다. 이 같은 통화정책을 일관되게 추진하기 위해서라도 파월 의장은 연임될 필요성이 있다는 것이 시장의 요구다. 파월 의장은 기회 있을 때마다 적극적인 정책 대응을 강조하고 있다. 파월 의장은 최근 미실물경제협회NABE 연례회의에서 "현재로서는 과할 정도로 하는 것(부양책을 쓰는 것)의 리스크가 더 적다"고 말했다. 파월 의장은 "결과적으로 정책 수단들이 필요보다 더 컸다고 밝혀지더라도 낭비되는 것은 아니다"고 말했다. 또 "완전히

제롬 파월 미 연준 의장

위기를 벗어났다는 것이 확실해질 때까지 통화정책과 재정정책이 계속해서 경제를 떠받드는 역할을 해야 회복이 강하고 빨라질 것"이라고 말했다.

연준은 파월 의장의 리더십이 유지되는 한 추가적인 자산 매입 조치에 나설 것으로 예상된다. 연준은 이렇게 가능성을 이미 예고해왔다. 지난 2020년 9월 15일~16일 열린 연준의 FOMC 의사록에 따르면 일부 위원들은 "향후 회의에서 어떻게 하면 자산 매입 프로그램이 연준의 목표를 가장 잘 지원할 수 있도록 할지에 관해 추가로 평가하고 대화하는 것이 적절하다"고 말했다.

연준은 추가적인 국채 또는 주택저당채권 매입 물량을 확대해나갈 것으로 예상된다. 모건스탠리는 민주당의 압승이 더 큰 재정

지출로 이어지겠지만, 동시에 연준이 기준금리를 예상보다 빨리 정상화하는 요인이 될 수 있다고 전망했다. 다만, 그렇더라도 국채금리가 급격히 오르는 일은 없을 것으로 보는 것이 중론이다.

세계 최대 경제대국인 미국이 어떤 회복 경로를 그릴지는 세계 경제에 큰 영향을 미치기 때문에 중요하다. 전례 없는 위기를 맞은 '미국 호'의 선장 바이든이 대선 이후 이런 난국을 어떻게 헤쳐 나갈지 주목된다.

바이 아메리카 vs. 자유무역 재정립

"트럼프의 혼란스러운 무역전쟁, 변덕스러운 트위터, 미국의 노동자를 기만하는 허풍 대신 실제적인 성과를 내는 무역 전략을 수립하겠습니다. 우리는 미국의 모든 노동자와 일자리를 위해 싸울 것입니다. 그는 당신을 실망시켰습니다. 그는 우리를 실망시켰습니다."

바이든은 2020년 10월 미국 오하이오 주 톨레도 유세현장에서 GM자동차 노조원들을 만나 이같이 소리쳤다. 사회적 거리두기를 위해 각자의 차량을 몰고 온 노조원들은 차량 경적을 울려대며 바이든에 환호했다. 바이든은 "중국의 무역 유린에 맞서고, 미국 노동자에게 투자하겠다"고 화답했다.

2020년 대선에서 바이든은 트럼프와 대조되는 안정된 리더십을 강조했다. 무역정책에 있어서도 자국우선주의 기조를 보이며 민주당의 경제정책에 회의적이었던 '보수층'의 마음을 돌리는데 성공했다. 바이든의 대표적인 통상정책으로는 자국우선주의 정책인 '바이 아메리카Buy America'와 '다자주의 회복'이 꼽힌다.

조달혁신에 방점 찍은 바이든표 '아메리카 퍼스트'

바이든의 대선 캐치프레이즈인 '바이 아메리카'는 미국 제품 구매에 대규모 정부 예산을 투입하는 미국 보호주의 정책이다. '미국 내 제조Made in America'와 '미국산 구매Buy America'를 통해 코로나19로 무너진 자국의 경제를 재건하겠다는 구상이다.

바이 아메리카는 1933년 경제 대공황 때 미국의 불황을 극복하기 위해 만들어진 바이아메리칸 법Buy American Act을 뿌리로 삼고 이를 구체화한 게 특징이다. 모든 연방정부 기관에서 재화 조달 시 미국산 제품을 먼저 구매하도록 했다. 정부의 국산제품 구매확대, 국내 기업의 지원 강화, 리쇼어링(제조업의 본국 귀환)을 통한 일자리 창출을 목표로 한다. 구체적으로 미국 상품 및 서비스에 대한 정부 구매를 4년간 4,000억 달러(한화 454조 2,400억 원)로 늘리고, 전기 자동차, 5G 등 신기술 연구 개발에 투입한다. 더불어 노동자들의 단체 교섭권도 강화한다. 이를 통해 신규 일자리 500만 개를

조 바이든 미국 대통령 당선자가 2020년 7월 9일 펜실베이니아 주 던모어에서 미국
산 제품 구매와 연구개발(R&D) 투자에 4년간 4,000억 달러를 투입하고 제조업 혁신과
법인세율을 인상하는 내용의 '바이 아메리카' 경제공약을 발표하고 있다.

만들겠다고 공언했다. 바이든은 "연방 정부가 납세자들의 돈을 쓸
때 우리는 그것을 미국 제품을 구입하고 미국 일자리를 지원하는
데 사용해야 한다"고 주장했다.

　　바이 아메리카는 트럼프가 2016년 내세운 '아메리칸 퍼스트
(American First)'를 따라한 공약이라는 조롱을 받기도 했다. 트럼프
는 당시 '러스트 벨트(미 북동부의 쇠락한 공업지대)' 지역에서 '미국
우선주의' 열풍을 일으키며 대선에 승리했다. 그러나 바이든은 트
럼프가 결국 일자리와 제조업을 되찾는 데 실패했다고 반박했다.
코로나19 대유행 기간 동안 트럼프가 노동자들 대신 부유한 '가족

과 친구'만 보호했다면서, "코로나19 위기 내내 주식 시장에만 집중했다"고 비꼬았다.

동시에 자국 내 생산을 독려하기 위한 '메이드 인 아메리카Made in America' 정책도 추진한다. 미 기업이 해외에서 생산한 제품 및 서비스를 미국으로 되가져와 판매할 경우 추가 10%의 징벌적 과세를 부과하는 내용이다. 앞서 바이든이 현 21%인 법인세 최고세율을 28%로 올리겠다고 공언한 점을 참고하면, 미 기업의 최고세율은 30.8(28+2.8)%까지 오를 수 있다. 대신 미국 내 폐쇄된 공장을 다시 여는 등 자국으로 복귀하는 기업에 대해서는 10%의 세액공제를 제공해 귀환을 유도한다. 해외 생산품을 미국산으로 속여 판 기업에는 처벌을 대폭 강화하며, 이를 위해 백악관 내 메이드 인 아메리카 부서도 신설한다.

이 같은 자국우선주의 정책은 자신이 부통령으로 지낸 오바마 행정부의 정책 기조와 일맥상통한다. 오바마 정부는 집권 2기 들어 일자리 창출 등의 정책 효과를 보다 빨리 가시화하기 위해 리쇼어링 정책과 '제조업 부흥 정책'을 동시에 추진했다.

당시 민간 주도의 바이 아메리카 운동이 전개되기도 했다. 2013년 월마트, 애플, 제너럴일렉트릭GE, 의류업체 브룩스브라더스 등 미국 대표 기업들은 미국 경제 살리기에 동참하며 자국에서 생산하는 제품을 자발적으로 늘렸다. 비록 민간이 주도했지만, 오바마 정부의 리쇼어링 정책의 연장선으로 해석된다.

▌바이든 당선자의 경제정책: 트럼프의 보호무역주의 완화

분야	정책 기조
다자무역협정	**다자간 무역협정에 호의적** • USMCA(미국·멕시코·캐나다 협정) 개정안지지 • TPP(환태평양경제동반자협정) 재협상 및 재가입 • 바이 아메리카 우선: 미국 사업 부흥을 위한 미국산 원료 및 소재 사용과 미국 내 공급사슬 재구축 언급하며 미국 중심 성향 일정 수준 유지
통상 및 관세	**국제통상 규범 및 질서 옹호** • 트럼프 정부의 무분별한 관세 정책에 대해 비판적 • 미중 무역분쟁 과정에서 발효된 대중 수입품 관세율 인상은 국제 통상 질서를 훼손하는 한편 결과적으로 미국 산업 피해를 초래하는 부메랑 부작용 지적

출처: 바이든 선거캠프

한편 해외생산 제품에 직접적인 징벌세가 부과될 경우 기업의 세금 부담이 커져 향후 시장에는 악재로 작용할 수 있다. 경제 전문가들은 최근 미국 증시의 상승세는 트럼프의 감세 정책이 주요한 역할을 했다고 보고 있다. 트럼프는 2017년 법인세 최고세율을 35%에서 21%로 낮췄다

한국경제연구원은 2019년 '법인세 비용에 관한 연구' 보고서에서 트럼프의 법인세 인하로 자본이 미국으로 쏠리고, 한국보다 높은 성장률과 완전고용을 구현할 수 있었다고 평가하기도 했다.

〈뉴욕타임스〉는 "트럼프 시절 기업이익, 자본수익, 부유층 대상 세율이 급감했지만, 바이든은 이들의 세금을 인상하고 하위·

중산층의 감세를 주문했다"며 "이 같은 변화는 미국 기업과 개인 투자자들의 순이익을 감소시켜 주식시장을 덜 매력적으로 만들 것"이라고 내다봤다.

다자주의 무역체제 전환과 세계 통상질서 주도

바이든은 미국산 제조와 소비를 독려하면서 대외적으로는 트럼프가 촉발한 무역전쟁 완화에 나설 것으로 보인다. 바이든은 동맹에 대한 불신이 있었던 트럼프 대통령과 달리 다자주의와 자유무역주의를 옹호한다. USMCA(NAFTA 개정)에 찬성하고, 오바마 정부가 추진했던 TPP(환태평양경제동반자협정), TTIP(범대서양무역투자동반자협정) 재가입 및 협상 재개를 공언하는 등 다자주의 방식의 무역협정을 긍정적으로 평가해왔다.

36년간 상원의원으로 활동한 바이든은 외교위원장을 역임해 온 외교 전문가로 통한다. 그는 트럼프의 미국 우선주의가 미국을 외롭게 만들고 주요 동맹 관계에 심각한 균열을 만들었다고 비판했다.

트럼프는 2017년 취임 직후 TPP를 시작으로 UNHRC(유엔인권이사회), 유네스코, 파리기후협약, WHO(세계보건기구) 등 수많은 국제기구에서 줄줄이 발을 뺐다. 2020년 7월에는 WTO(세계무역기구)가 '중국의 꼭두각시'라며 탈퇴서를 제출했다.

동맹국과의 다자간 협력은 바이든의 주요 공약 중 하나다. 그는 2020년 1월 〈포린어페어스Foreign Affairs〉 기고문에서 "미국은 세계 GDP의 약 4분의 1을 차지한다. 우리가 동료 민주주의 국가들과 함께하면 우리의 힘은 배가 된다"고 밝혔다.

〈워싱턴포스트〉는 바이든 행정부가 나토와의 관계 복원, 파리 기후협약과 이란 핵협정 복귀, WHO 관계 회복 등에 주력할 것이라고 분석했다. 〈워싱턴포스트〉는 2020년 9월 바이든 공식 지지를 선언하며 바이든이 "한국과 유럽, 캐나다에 관세를 뿌리는 대신 동맹과의 무역에 협력해 미국을 전 세계 기업가와 과학자들에게 환영받는 장소로 만들 것"이라고 전했다.

동맹국과 연대의 힘으로 중국 경제굴기 대응

중국의 불공정 무역관행에 있어서는 바이든 역시 트럼프와 마찬가지로 강경한 입장이다. 다만 바이든은 트럼프의 '미국 대 중국' 대결 양상을 '동맹국 대 중국' 구도로 확대할 전망이다. 특히 중국 견제 과정에서 주요 동맹국의 참여를 요구할 것으로 보여 한국에는 부담으로 작용할 수 있다.

과거 '중국포용정책'을 옹호해왔던 바이든은 최근 반중 발언을 쏟아내며 태세를 전환했다. 대선 레이스 1년 전인 2019년 5월까지만 해도 바이든은 '중국이 미국의 점심을 뺏어 먹을 것'이라는 트럼프 주장에 의문을 표하면서 "중국은 나쁜 사람이 아니다. 우리의 경쟁상대가 아니다"고 했다.

그러나 2020년 2월 민주당 대선 후보 경선 토론회에서 바이든은 시진핑 중국 국가주석을 "100만 위구르인을 노동교화소에 처넣은 '폭력배thug'"라고 하는 등 공격을 퍼부었다. "미국은 중국에 대해 강경한 태도를 보일 필요가 있다"고 밝히기도 했다.

현재 미국은 여야를 막론하고 중국의 지적재산권 침해, 보조금 지급, 기술 이전, 환율 조작, 사이버 절도 등의 행위가 자유시장경제 질서를 어지럽히고 있다는 주장에 뜻을 모으고 있다. 영국 〈가디언The Guardian〉은 "점차 공화당뿐만 아니라 민주당과 자유주의 지식인들도 중국과 미국의 관계를 '제로섬' 경쟁으로 보고 있다"고 했다.

코로나19까지 겹치면서 미국 내 반중 정서가 고조되고 있는 가운데 중국에 대한 이러한 미국의 시각은 향후 어떤 행정부가 백악관을 차지하게 되더라도 바뀌지 않을 가능성이 크다.

바이든은 트럼프의 대중국 관세정책이 미국 제조업과 농업계에 큰 타격을 입혔다고 보고 있다. 그는 트럼프의 관세전쟁과 같은 '자멸적' 방법은 동원하지 않겠다고 공언한 상태다. 그러면서도 바이든은 트럼프가 중국에 부과한 무역확장법 232조·301조 등 관

┃ 트럼프 행정부 vs. 바이든 당선자 통상정책 비교

	트럼프	바이든
대중국정책	일방적 관세부과, 미중 디커플링으로 압박	동맹국과 협력하여 불공정 행위에 대응하고, 인권·환경 등 이슈를 내세워 압박
301조 조치	일방적 관세 부과 지지	동 조치에 따른 관세부과에 반대 입장이나, 기존에 부과한 관세 철회 여부는 미정
232조 조치	일방적 관세 부과지지	동 조치에는 부정적이나 철강·알루미늄에 대한 기존 조치는 지속할 것
반덤핑/ 상계관세 조사	대폭 증가/자체직권 조사 多	지지
FTA	기존 FTA에 대해 비판적, 양자간 무역협정 추진	신규 무역협정 추진계획 없음. 국내 투자 우선
USMCA (노동, 환경)	지지 *미국 중심으로 북미 제조업 재편. 경쟁력 강화 목적	지지 *민주당이 '노동·환경 기준 강화'를 요구해 수정·통과
CPTPP	TPP 탈퇴 후 입장변화 없음	재협상할 것으로 예상되나 재가입 여부 미정
탄소조정세 (환경)	반대(파리기후협약 탈퇴 선언('19.11), '20.11월 탈퇴 절차 종료 * 환경 관련 규제완화 정책 추진	2025년까지 탄소조정세 법안 도입 (파리기후협약 재가입 추진) *친환경정책 추진
WTO	WTO 탈퇴 협박	중국을 견제하기 위해 다자통상체제 지지

출처 : Arnold & Porter

세부과 조치를 철회할 계획이나 대안은 제시하지 않았다. 백악관의 반중 기조에 따라 당분간 대중 관세조치들은 그대로 유지될 가능성이 높다.

"모든 분쟁에 미국 개입 여지 커질 것"

바이든이 추구하는 '동맹 복원'이 한국에 무조건 긍정적인 변화는 아닐 수 있다. 지금까지 트럼프는 모든 통상관계를 미국과 상대국만 개입하는 '양국 간의 문제'로 치부하는 고립주의적 정책을 펼쳐왔다. 따라서 미국은 자국이 연관되지 않은 통상문제에 대해서는 크게 신경을 쓰지 않았다. 그러나 동맹국과의 연대를 통해 통상분쟁을 해결하겠다는 바이든식 해법에서는 모든 국제 분쟁에 미국이 개입할 여지가 크다.

산업연구원은 2020년 7월 발표한 '2020년 미 대선 전망과 한국의 통상환경에 미칠 영향' 보고서에서 "바이든이 대통령이 될 경우 모든 통상관계에서 미국의 존재를 의식하지 않을 수 없는 상황이 만들어질 가능성이 높다"고 진단했다.

예를 들어 미국은 TPP 탈퇴 이후 나머지 국가들이 포괄적·점진적 CPTPP(환태평양경제동반자협정)로 체제를 바꾸는 데 큰 관심을 보이지 않았다. 미국의 안보에 영향을 미치지 않는 범위 내에서 타국과 중국이 통상관계를 이어가는 것에 대해서도 방임하는 태도를 취해왔다는 것이다.

보고서는 특히 향후 미·중 통상분쟁 상황에서 미국이 동맹국에 '미국이냐 중국이냐'를 두고 양자택일을 요구할 것이라고 내다봤다. 또한 이 같은 상황에서 어설픈 등거리 외교는 미국과 중국

양쪽의 신뢰를 잃고 국제통상환경에서 고립을 자초할 위험이 있

다고 경고했다.

바이든식 증세의 명과 암

'고통 없이 거위(납세자)의 털을 어떻게 뽑을까.'

조 바이든 당선자의 핵심 경제 공약인 조세 개혁은 대선 기간 중에도 월가가 가장 우려하는 대목이었다. 바이든 당선자는 트럼프 행정부에서 21%까지 낮춰놨던 법인세율을 28%로 끌어올리겠다고 벼르고 있다. 문제는 코로나19 팬데믹으로 기업 수익성이 악화하고 대규모 해고가 이어지는 상황에서, 시장은 과연 증세를 지향하는 바이든표 조세 개혁이 제대로 실행될 수 있을지 물음표를 던지고 있다는 것이다. 이 같은 분위기를 잘 알고 있는 바이든 당선자가 취임 직후 자신의 증세 정책을 포함한 종합 경제개혁안을 발표할 것이라는 가능성도 점처지고 있다.

빌 클린턴 당시 대통령이 국가부채 감축을 포함한 경제 개혁 방안을 설명하고 있다.

코로나 장기화 국면에서 증세 실효성을 묻다

4년 전으로 돌아가보자. 2016년 트럼프 대통령의 대권 승리 비결 중 하나가 바로 '대대적인 감세 약속'이었다. 실제 당선 후 공화당이 의회를 장악하면서 2017년, 세법 개정은 일사천리로 진행됐다. 그 결과 미국의 법인세율은 종전 35%에서 21%로 대폭 낮아지고 자본투자에 대한 세액공제가 적용되어 해외 자본을 국내로 쉽게 가져올 수 있게 되었다.

그러나 바이든 당선자는 이 세법 개정으로 인해 미국의 재정 곳간이 약화됐다고 주장해왔다. 따라서 다시 법인세율을 28%로 올리고, 미국의 다국적 기업들이 해외에서 벌어들인 수입에 대해서도 세금을 부과하겠다고 주장했다. 이 같은 증세 기조는 전통적으로 과거 민주당 대권 후보들이 추구해왔던 것과 동일한 맥락이다. 민주당은 기업, 투자자, 고소득층에 적용할 강도 높은 세금정책이 필요하다고 주장해왔다. 고소득자 최고 소득세율을 36%까지 올리고 법인세율 역시 35%로 상향한 정권이 바로 빌 클린턴 행정부다. 오바마 전 대통령도 2010년 오바마케어를 통해 고소득자의 근로소득 등에 0.9%의 세금을, 순투자소득에 3.8%의 세금을 부과한 바 있다.

4년 만에 백악관 새 주인으로 다시 입성하게 된 바이든 당선자와 민주당은 과거 클린턴·오바마 행정부처럼 증세를 통한 재정 확충 부문을 일자리 창출과 빈부격차 해소, 경제성장을 위한 마중물로 쓰겠다는 구상이다. 그런데 법인세율 인상과 더불어 바이든표 증세 정책이 월가를 긴장시키는 이유는 미국 기업들의 해외 수익에 대한 현미경식 검증이 예고되었기 때문이다. 미국 기업이 해외에서 거둔 수익에 부과했던 최저세율을 10.5%에서 21%로 2배 올리고, 조세피난처 단속을 강화하겠다고 벼르고 있다.

특히 주목할 점은 해외 이전을 시도하는 미국 기업에 '징벌적 과세Offshoring Tax Penalty를 적용하겠다'는 것이다. 이 세율까지 적용되면 미국 기업의 법인세는 최고 30.8(28+2.8)%까지 오를 수 있다. 미국 정치 전문 매체 〈더 힐〉이 펜와튼예산모델로 분석한 대선 전

▋ 바이든의 조세 정책 공약

중산층 부활을 위한 경제 개혁
• 연방 최저시급 7.25달러 → 15달러로 인상
• 법인세율 현행 21% → 28%로 인상
• 해외 이전 기업 2.8% 징벌적 과세 부과

출처: 매일경제

바이든 당선자의 조세 공약은 향후 10년 간 세수가 3조 3,750억 달러(약 4,000조 원) 증가할 수 있다는 평가를 받는다. 이는 기업과 고소득자들의 호주머니가 급격히 줄어든다는 의미로, 바이든 당선자의 공격적 증세 정책이 수정 없이 추진되면 '고통 없는 거위털 뽑기'는 현실적으로 불가능할 수밖에 없다.

당장 미국 항공업계를 필두로 수많은 기업들이 팬데믹 장기화에 따른 수익성 악화, 부도 위기에 내몰린 상황에서 바이든 당선자의 즉시적 증세 이행은 미국 금융시장에 대형 악재로 부상할 것이라는 관측이 나온다.

유통업계의 경우 이미 2020년 상반기부터 니만 마커스, J크루, J.C.페니 등 공룡 유통업체들이 팬데믹 발 소비 감소와 거액의 채무 상환 부담을 견디지 못하고 연달아 파산보호 절차에 돌입했다. 미국에서 가장 오래된 기성복 브랜드인 '브룩스 브라더스Brooksbrothers' 마저 7월 초 거래절벽 쇼크로 결국 파산보호 신청을 냈다. 미국에서 가장 오래된 역사를 가진 백화점 '로드앤테일러Lord&Taylor' 역시

도미노처럼 파산보호 절차에 돌입했다.

이미 세계 최고의 디지털 트랜스포메이션 역량을 갖춘 미국 첨단 기업들도 충격을 받기는 매한가지다. 경제 전문가들은 애플 등 해외에서 많은 매출을 올리는 IT 기업들이 최우선적으로 순이익 손실 피해를 입을 것으로 내다보고 있다. 해외에서 생산한 아이폰을 미국으로 다시 가져와 판매하는 대표적 기업인 애플은 28%의 법인세율 인상과 더불어 징벌적 세율이 추가 적용될 경우 한국의 삼성전자 및 중국 스마트폰 업체들과 글로벌 경쟁력에서 밀리는, 근본적 위기를 맞을 수 있다.

'뱅크오브아메리카' 산하 글로벌리서치 자료를 통해 미국 기업들의 해외 매출에 대한 증세로 S&P500지수의 평균 순이익이 9.2% 감소할 것이라는 예측을 확인할 수 있다. 뱅크오브아메리카는 해외에서 매출의 상당 부분을 올리는 IT 기업의 순이익 감소율이 두 자릿수 이상이 될 것이라고 추정했다.

시장 일각에서는 자신을 지지한 미국민들에게 내년 미국 경제의 확고한 바운스백을 선사해야 할 바이든 행정부가 증세 정책부터 우선 추진할 가능성이 크지 않을 것이라는 방어적 분석도 나오고 있다. 전자상거래 중심의 시대 변화에 민첩하게 대응하지 못하다가 코로나19 팬데믹 발 소비 위축에 나가떨어지는 기업들이 쏟아지는 상황에서 디지털 트랜스포메이션 등 산업계의 체질 개선과 미래 투자를 유도하는 청사진을 내놓는 게 바이든 행정부가 내년 1월 출범 후 가장 우선 추진해야 할 경제 정책이라는 이야기다.

미국 재정적자가 쏘아올린 종합 경제개혁안

그럼에도 바이든표 증세 정책이 임기 초에 시동을 걸 가능성이 크다고 주장하는 쪽에서는 트럼프 행정부에서 천문학적으로 증가한 '재정적자' 문제를 거론하고 있다. 코로나19에 맞서 기록적인 규모의 경기부양책을 내놓은 미국의 재정적자는 역대 최대치를 경신했다. 국가 부채가 가파르게 늘어 70여 년 만에 나랏빚이 경제 규모를 뛰어넘었다. 트럼프 대통령이 대선 막판 샅바 싸움을 벌였던 추가 부양책과 관련해 표면적으로 "민주당과 바이든 후보가 민주당 지지성향 주에 돈을 뿌리려 한다"고 주장하면서도 부양책 규모에 보수적인 태도를 취한 진짜 이유도 재정적자 때문이다.

미국 재무부의 최근 발표를 보면 '2020 회계연도(2019년 10월 1일~2020년 9월 30일)' 미국의 재정적자는 3조 1,000억 달러(약 3,553조 원)로 집계됐다. 이는 2019년 같은 기간보다 3배나 폭증한 수치로, 글로벌 금융위기가 진행되었던 2009년 재정적자(1조4,100억 달러)를 2배 웃돌며 사상 최대치 기록을 갈아치웠다.

부채 급증의 주범은 코로나19 여파로 인한 전례 없는 경기침체에 대응하기 위한 기록적인 부양책이다. 미국 의회는 코로나19 경

▮ 연도별 미국 재정적자 규모

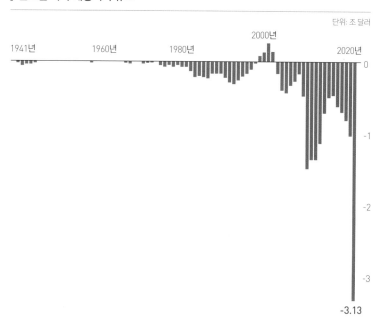

단위: 조 달러

1941년　　　1960년　　　1980년　　　2000년　　　2020년

0

-1

-2

-3

-3.13

출처: 미국 예산관리국, 매일경제

기침체에 맞서 2020년 3~4월 네 차례에 걸쳐 경기 부양 예산안을 통과시켰다. 국민 1인당 1,200달러씩 현금 지급, 중소기업 고용 유지를 위한 급여보호 프로그램Paycheck Protection Program, PPP으로 쓰인 돈이 2조 8,000억 달러에 육박했다. 이를 포함한 재정 지출은 6조 5,000억 달러로 전년 동기 대비 47% 폭증했다. 그러나 거둬들인 세금은 1.2% 감소한 3조 4,200억 달러에 그쳐 적자 폭을 키웠다. 근로소득세 세입은 늘어났지만 주요 세입 기반인 개인소득

바이드노믹스의 실체 | **49**

세와 법인소득세 세입이 이보다 크게 줄어든 것으로 나타났다.

비영리 연구단체 '책임 있는 연방예산위원회Committee for a Responsible Federal Budget, CRFB'에 따르면 2020 회계연도 미국 GDP 대비 국가부채 비율은 102%다. 나랏빚이 나라경제 규모를 넘어선 것은 제2차 세계대전 직후인 1946년 이후 처음이다. 일본과 재정 위기를 겪은 그리스, 이탈리아 등에 이어 미국도 GDP보다 빚이 더 많은 국가 대열에 합류하게 된 것이다. 미국 의회예산국은 "향후 고령화로 복지 수요가 증가하면 2050년 국가부채는 GDP의 2배까지 늘어날 것"이라고 경고하고 있다.

역대 최악의 재정적자 수준을 관리하면서 그린뉴딜 등 대형 인프라스트럭처 투자를 준비하려면 동서남북 어느 길에서든 '증세'라는 안내표지판을 만날 수밖에 없는 현실이 됐다. 바이든 당선자는 오는 2050년까지 미국 경제를 '탄소제로Carbon Zero'로 바꾸겠다고 천명하며 이를 위해 총 5조 달러(약 6,000조 원, 정부 및 민간투자 합산 금액)의 천문학적 친환경 투자를 예고하고 있다.

그런데 〈월스트리트저널〉은 그의 그린뉴딜 정책마저도 역으로 미국 경제에 부정적 효과를 야기할 것이라고 경고하고 있다. 〈월스트리트저널〉은 미국의 싱크탱크인 후버연구소가 바이든 캠프의 경제 공약을 토대로 예측한 데이터를 거론하며 "화석연료를 클린 재생 에너지로 급격히 변화시키는 과정에서 야기되는 '에너지 시장의 공급과 수요 격차'를 상쇄하기 위해 막대한 정부 보조금이 투입될 수밖에 없다"고 지적했다. 이는 수요와 공급의 괴리 문제가 미국 경제에서 총요소생산성을 최대 2%까지 감소시킬 것이라는 분석에 해당한다. 총체적·급진적 기후변화 대응 투자와 증세 정책이 장기적으로 미국 기업들의 자본 비용을 높이고 고용·투자 인센티브를 축소시켜 미국 경제의 침체를 야기할 수 있다는 게 〈월스트리트저널〉의 경고다.

이처럼 언제 끝날지 모르는 코로나19 추가 부양책과 천문학적 재정적자의 딜레마 상황에서 조 바이든 당선자가 임기 초기 시장의 우려를 불식시키기 위해 새로운 경제 개혁의 청사진을 발표할 가능성도 크다. 공약의 세부 사항들을 수정하는 동시에 재계와 고소득자들을 상대로 고통 분담을 호소하는 전략을 쓸 수 있다.

이는 1993년 1월, 제42대 미국 대통령으로 취임했던 빌 클린턴이 취임 한 달 만에 내놓은 전략이기도 하다. 당시 클린턴 대통령은 상하원 양원 합동회의 연설에서 50만 개의 일자리 창출을 목표로 내걸며 300억 달러 규모의 경기부양 투자와 함께 5,000억 달러의 재정지출 감축 및 세수증대 조치를 담은 종합 경제개혁안을 발표한 바 있다. 당시 클린턴 행정부의 재정지출 감축 핵심 골자는 바로 '국방예산 삭감'이었다.

한편 공화당과 도널드 트럼프 대통령의 감세와 규제 완화를 선호하는 미국 월가가 대선 막판에 내놓은 목소리도 바이든 당선자가 내놓을 새 경제개혁안의 방향성을 엿볼 수 있는 지표 중 하나다. 월가는 대선 국면에서 기존 트럼프의 친시장 정책에 높은 점수를 주며 재선 시 시장 충격이 덜 할 것이라고 관측하다 판세가 확 바뀌자 빠른 태세 전환을 시도하며 '바이든 공약에 익숙해지기'를 시도했다.

금융투자업계의 대표적 공룡기업인 골드만삭스는 6월 보고서에서 "바이든 후보의 조세 정책은 미국 경제에 코로나보다 더 큰 위협"이라고 평가하다가 10월 들어 바이든의 당선이 유력해지자 "민주당이 이겨도 미국 경제 회복은 빠르게 진행될 것"이라는 낙관론을 펼치기 시작했다. 증세 부담이 존재하지만 바이든 당선자가 인프라스트럭처, 기후변화, 의료, 교육 부문 등에서 대규모 지출 의지를 행동으로 옮기면 공격적 조세 정책에 따른 기업 수익성 악화를 상쇄할 수 있다는 논리를 편 것이다.

조세 정책과 관련해 미국의 싱크탱크인 세금정책센터Tax Policy Center, TPC도 바이든 조세 정책이 소득 하위 계층에 수백 달러의 감세 효과를 낼 수 있다는 긍정적 평가를 내렸다. 세금정책센터는 소득에 따라 전체 가구를 5분위로 나눌 경우, 소득이 2만 5,000달러 이하인 최하위 계층(5분위)은 2022년이면 평균 750달러의 감세 효과가 예상된다고 밝혔다. 이어 소득분위가 위로 올라갈수록 각각 790달러(4분위), 620달러(3분위), 420달러(2분위)씩 세금을 아낄 수 있다고 분석했다. 소득 상위 1%인 부유층에 평균 26만 6,000달러, 상위 0.1%인 초부유층에 평균 160만 달러의 세금 인상 효과를

┃ 바이든표 세제개혁의 세수 효과

단위: 십억 달러

	'21	'22	'23	'24	'25	'26	'27	'28	'29	'30	'21-'30	'31-'40
개인소득·급여세	-37.1	-48.7	20.8	132.9	146.4	107.8	91.8	103.2	114.6	126.4	758.1	1,978.1
법인세	0.0	91.2	137.7	142.9	147.5	157.9	168.0	173.2	178.1	182.7	1,379.1	2.188.7
부동산·사치재 등	0.0	3.2	14.1	18.3	24.9	31.2	30.2	31.6	32.2	32.6	218.2	516.7
소비세	0.0	0.0	0.0	0.0	0.0	0.0	0.0	0.0	0.0	0.0	0.0	0.0
총 세수	-37.1	45.6	172.7	294.1	318.8	296.8	290.0	308.0	324.8	341.7	2,355.4	4,683.6
GDP 대비 비율	-0.2	0.2	0.8	1.2	1.3	1.1	1.1	1.1	1.1	1.1	0.9	1.2

*2021~2040 회계연도 기준.

출처: TPC

가져올 것이라는 설명도 덧붙였다. 이 같은 낙관론은 '바이든 당선
과 함께 민주당이 상하원을 모두 장악하는 시나리오'를 토대로 쓰
인 것이었다.

녹색산업 황금알 시장 열린다

'친환경 녹색경제'에 각별한 관심을 기울이고 있는 조 바이든 당선자는 '2050년까지 미국을 탄소 배출량 제로 국가로 만들겠다'는 야심찬 공약을 내세웠다. 이에 따라 미국 시장은 물론 전 세계에서 친환경·재생 에너지 관련 산업에 부흥의 모멘텀을 마련할 가능성이 커지고 있다. 바이든 당선자는 향후 4년 간 기후변화 관련 산업, 재생 에너지 확산 등에 2조 달러(약 2,294조 2,000억 원)를 투입하는 그린뉴딜 정책을 대선 공약으로 내놨다. 그와 동시에 그린뉴딜을 통해 2035년까지 전력 생산에서 탄소가스 배출은 없애고, 전기자동차 공급을 늘리겠다고 약속했다.

2021년을 기점으로 향후 10년 동안에는 총 5조 달러를 친환경·재생 에너지 분야에 투자할 계획이다. 재원은 연방정부 순수

2009년 2월, 당시 미 대통령이었던 버락 오바마와 부통령이었던 조 바이든이 콜로라도 주 덴버 자연과학박물관에서 태양광 전지판을 보며 나마스테 솔라Namaste-Solar 관계자와 이야기를 나누고 있다.

투자분(1조 7,000억 달러)과 이에 연계된 민간투자 유발분(3조 3,000억 달러)을 포함해 마련하기로 했다. 특히 청정 에너지 부문의 순수 연구개발R&D 부문에만 연방정부 예산 4,000억 달러를 쏟아부을 예정이다. 바이든 당선자 캠프는 선거운동 당시 "미국이 인류 최초로 달에 착륙한 아폴로 프로젝트(1961~1972년) 예산을 현재 화폐가치로 추산해볼 때, 그린뉴딜 투자는 아폴로 프로젝트의 2배에 해당한다"고 강조했다.

코로나발 경기침체 돌파구, 그린뉴딜

　상원 의원을 지낸 2007년부터 대기오염 물질 감축 법안을 공동 발의하는 등 환경 문제에 각별한 관심을 가져온 바이든 당선자는 녹색산업 투자를 과감하게 늘려 코로나19 팬데믹에 타격을 입은 미국 경제의 조기 회복 발판을 마련하는 일석이조의 효과까지 노리고 있다. 그는 친환경 산업 육성을 위한 주요 정책으로 '2035년까지 전력부문 탄소 배출 제로', '교통 부문에 켈리포니아식 연비 규제 적용', '2030년부터 신축 빌딩부문 탄소 배출 제로'를 제시했다.

　바이든 당선자의 승리로 가장 주목받고 있는 친환경 산업 분야는 태양광·풍력 등 발전 분야, 전기차·수소차 등 친환경 자동차 분야 2가지다. 바이든 캠프는 선거운동 공약으로 신재생 에너지 분야에서 향후 5년 안에 신규 태양광 패널 5억 개, 태양광 지붕 800만 개, 풍력터빈 6만 개를 설치하겠다고 발표했다. 재생 에너지 전용 저장 장치, 송전망 건설도 약속했다. 이에 따라 연간 재생 에너지 시설 설치량은 지금보다 3배 이상 늘어날 전망이다.

　바이든 당선 시 산업 변화를 분석한 유진투자증권 리서치센터의 보고서에 따르면 미국의 대규모 발전 설비는 현재 약 1,100GW 규모다. 이 중 천연가스와 석탄을 이용한 발전 설비가 약 700GW의 전기를 생산하고 있다. 약 100GW 수준인 원전도 안전 설비 증

2019년 6월, 뉴햄프셔 주 플리머스 지역에 있는 태양광 발전 회사를 방문한 바이든의 모습

강과 상대적인 발전 단가 경쟁력 상실로 2050년까지 대부분 폐쇄될 것으로 예상된다. 따라서 바이든 당선자의 공약 이행을 위해서는 약 800GW의 발전 설비가 재생 에너지 사용 시설로 전환돼야 한다. 매년 100GW 이상의 재생 에너지가 생산돼야 '탄소 배출 제로' 전력 목표를 달성할 수 있는데, 현재 미국의 연간 태양광·풍력 발전량은 20~30GW 수준이다. 따라서 바이든의 당선으로 친환경 발전량 수요는 3~5배 수준으로 늘어날 전망이다.

바이든 당선자는 친환경 자동차 분야에서도 연 300만 대 규모의 정부 구입 차량을 모두 전기차로 교체하고, 향후 5년 동안 전국 50만 대 스쿨버스 역시 친환경 차량으로 바꾸겠다는 공약을 내세웠다. 자동차 연비 규제도 캘리포니아 주 수준으로 높여 적용하기

▌바이든의 기후위기 대응 정책

목표	• 기후위기 국면임을 인식해 **파리기후협약에 재가입하고** 트럼프 행정부의 반환경적인 정책들 원위치로 복구
전력	• **2035년까지 전력 부문 탄소 배출 제로** • 재생 에너지 확대: 태양광 지붕 800만 개, 태양광 패널 5억 개, 풍력터빈 6만 개 설치 목표 • 에너지 저장 장치와 재생 에너지 전용 송전망 건설
에너지 효율	• **2030년부터 신축 건물 100%에 탄소 배출 순제로 적용** • 5년 내에 400만 개의 빌딩과 200만 채의 가구 에너지 효율 리모델링 • 에너지 빈곤층 없애기 위한 지원 프로그램 도입, 관련 금융 지원 이용이 쉽도록 제도 변경
교통	• **캘리포니아식 강력한 자동차 연비규제 시스템 도입** • 5년 내에 50만 대의 스쿨버스 탄소 배출 제로 차량으로 대체, 300만 대의 공공차량도 탄소 배출 제로 차량으로 대체 • 50만 개 이상의 공공 전기차 충전소 설치 • 중고차 교환 프로그램 도입해 탄소 배출 제로 차량 구매 시 인센티브 지급 • 탄소 배출 차 생산업체 신설, 공장 전환에 보조금과 국가보증 융자 지원 • 공공교통 탄소 배출 제로 운송수단 도입 확대 • 항구의 탄소 배출 저감 및 철도 부문도 고속철 확대로 공기오염 저감 노력

출처: 유진투자증권

로 했다. 공공 전기차충전소도 50만 개 이상 설치하고, 미래 수소 자동차를 위한 충전소 인프라도 확대하겠다고 약속했다.

또 중고차 교환 프로그램을 도입해 탄소 배출 제로 차량을 구매하면 인센티브를 지급하고, 탄소 배출 차량을 만드는 자동차 제조업체들이 새로운 친환경 자동차 생산 공장을 만들거나 공장을 전기차 생산 공장으로 바꾸면 보조금을 주기로 했다. 국가보증을 통한 융자 지원도 약속했다. 공공 교통에도 탄소 배출 제로 운송 수단 도입을 확대하고, 철도·항만 분야에서도 탄소 배출 저감 계획을 추진하려고 하고 있다.

자동차업계 관계자들은 이 같은 정책의 영향으로 유럽·중국 시장에 비해 상대적으로 뒤처져 있던 미국 친환경차 산업 분야가 급격하게 성장할 수 있을 것으로 기대하고 있다. 미국의 전기차 시장은 2019년부터 역성장세를 기록하고 있다. 미국의 전기차 판매량은 2019년 33만 대, 2020년 25만 대로 예상되는데, 이는 미국 전체 자동차 판매량의 2%, 1.7%에 불과하다. 이는 유럽의 3.6%, 7%에 비해 미미한 수치다. 미국 친환경 자동차 시장이 부진에 빠진 데는 트럼프 행정부가 연비규제 기준을 크게 낮췄고, 연방정부 차원의 전기차 보조금 지급도 연장하지 않았기 때문이라는 평가를 받고 있다. 반면 바이든 당선자는 당선 즉시 연방정부 차원의 강력한 연비규제를 실시하고, 연방정부 보조금 지급도 연장할 것으로 예상된다.

건설 분야에서는 2030년부터 신축 빌딩 건물 100%에 '탄소 배출 제로' 기준을 충족시킬 것을 요구할 예정이다. 향후 5년 안에 400만 개 빌딩, 200만 채 가구의 에너지 효율을 높이기 위한 리모델링에도 정부 지원을 늘릴 예정이다. 이 과정에서 에너지 빈곤층이 생기지 않도록 정부 지원 프로그램을 도입하고 대출을 쉽게 받을 수 있도록 제도도 수정할 계획이다.

탄소배출권 시장의 발전이 한국 기업에 미치는 영향

2020년 9월부터 바이든 당선자의 승리가 유력해지자 미국 뉴욕증시에서는 대표적인 3대 친환경·재생 에너지 추종 ETF(상장지수펀드)들이 덩달아 약진을 거듭해왔다. 인베스코의 솔라 ETF, 퍼스트러스트의 나스닥클린엣지 ETF, 블랙록의 아이쉐어즈 글로벌클린에너지 ETF 등은 급등세를 보였다. 태양광에너지 서비스 업체 솔라에지의 경우 올해 주가가 2019년 말보다 2배 이상 폭등했다.

반면 석유·가스 등 전통적인 화석연료를 사용하는 산업군은 직격탄을 맞게 됐다. 트럼프 대통령은 파리기후변화협약 탈퇴라는 수단까지 동원하며 자국 석유 산업을 보호했지만, 바이든 당선자는 오히려 파리기후변화협약 재가입을 공약으로 내세우며 '친환경·재생 에너지 투자 강화'를 약속했기 때문이다.

바이든 당선자의 파리기후변화협약 재가입으로 전 세계 탄소배출권 시장에도 지각변동이 있을 전망이다. 바이든 당선자는 선거운동 기간 동안 자신의 캠프 홈페이지에 게재한 동영상에서 "당선 즉시 파리기후변화협약에 재가입할 것"이라고 밝히며 미국이 글로벌 저탄소정책을 주도해야 한다고 강조했다. 바이든의 당선에 따라 탄소배출권 거래는 급증하고, 탄소배출권 가격은 오를 것으로 예상된다. 현재 전 세계 국가들은 매년 기업 등 경제주체들에게 탄소 배출 허용 총량을 설정해 배출권을 할당·판매하게 되어 있지만 트럼프 대통령의 협약 탈퇴 이후 탄소배출권 시장은 소외당해왔다. 하지만 바이든의 당선으로 탄소배출권 시장은 다시 활성화될 전망이다.

미국에서는 다른 주보다 야심차게 배출권 거래제를 키워온 캘리포니아 주가 벤치마크 역할을 할 것으로 예상된다. 캘리포니아 주는 기본 배출권 거래는 물론 '지구촌을 살리자'라는 별칭을 붙인 탄소 상쇄 제도까지 적극적으로 추진하고 있다. 탄소 상쇄 거래 시스템에서는 프레온가스 등을 감축한 무게만큼 수익을 얻을 수 있다. 미국 일리노이 주에 위치한 스타트업, 트레이드워터는 미국 내 가정을 돌아다니며 방치된 냉장고, 가정용 에어컨, 자동차 속 에어컨 냉매 탱크를 구매한 뒤 별도의 소각시설로 처리해 돈을 벌고 있다.

미국 대기업들도 바이든 당선자의 성향에 발맞춰 저탄소경영에 더 속도를 낼 전망이다. 마이크로소프트는 2030년까지 탄소배출량을 지금의 절반 수준으로 감축하고, 2050년에는 지난 45년간 뿜어낸 탄소를 대기에서 제거하겠다고 밝혔다. 1975년 4월 시애틀에 설립된 이 회사가 지난 45년간 성장하며 악화시킨 지구 온실가스 문제를 책임지겠다는 취지다.

미국 전체 자동차 판매량의 30%를 차지하는 자동차 제조업체 5개사도 자동차 연비 규제를 트럼프 대통령이 완화한 연방정부 수준이 아닌, 훨씬 더 높은 캘리포니아 주 수준으로 맞추겠다고 2020년 8월 약속했다. 포드, BMW, 폭스바겐, 볼보, 혼다 등 5개 제조사는 캘리포니아 주 정부와 배출가스 감소를 위한 합의문에 서명했다.

트럼프 행정부는 지난 3월, 자동차업체의 부담을 완화하겠다며 오바마 행정부 때 도입한 자동차 배기가스 배출 기준을 대폭 완화했다. 오바마 행정부는 기후 변화 대응 차원에서 2025년까지 갤런 당 54.5마일(리터 당 23.2킬로미터)로 자동차 연비를 향상하도록 했는데, 트럼프 행정부는 2026년까지 갤런 당 40.4마일(리터 당 17.2킬로미터)로 연비를 대폭 낮췄다. 하지만 5대 업체는 트럼프 대통령의 규제 완화와는 별개로 2026년까지 연비를 캘리포니아 주가 정한 갤런 당 51마일(리터 당 21.5킬로미터)로 높일 것을 약속했다. 현재 제조업체들의 평균 연비는 갤런 당 38마일(리터 당 16킬로미터)이다.

바이든 당선자는 단순히 친환경 문제 해결을 위해서만 그린뉴딜 정책을 활용하지 않고 미국 일자리 창출에도 적극적으로 이용하려 하고 있다. 그는 선거운동 당시 그린뉴딜과 일자리 연계 효과를 극대화하기 위해 친환경 산업 분야 육성을 '바이 아메리카Buy America' 원칙에 따라 추진할 것이라고 밝혔다. 특히 미국산 제품과 기술을 적극적으로 활용해 중국업체의 진입을 막겠다는 의지를 표명했다. 그는 친환경차 산업 집중 투자로 100만 개의 새로운 일자리를 만들어내는 것을 목표로 하고 있다. 미국이 중국의 진입을 막으면서 이미 미국에 진출했거나, 상대적으로 진입이 쉬워진 한국 기업들이 바이든 당선자의 친환경산업 육성 정책의 수혜자가 될 수 있을 것이라는 기대감이 크다. 특히 세계 전기차 배터리 시장에서 큰 지분을 차지하는 한국 기업들의 미국 공장 건설 필요성이 제기되고 있다.

수술대에 오른 테크 공룡들

대통령이 된 바이든이 답해야 할 시대적 질문 중 하나는 "GAFA로 상징되는 구글, 아마존, 페이스북, 애플의 강력한 힘을 어떻게 견제할 것인가?"다. 오바마 행정부 시절부터 급격하게 강해지기 시작한 이 IT 기업들은 트럼프 정부 시절 그 힘이 극에 달했다. 페이스북이 2018년부터 주도했던 '리브라Libra' 프로젝트가 단적인 예다. 암호화폐 체계를 활용해 분산화된 통화주권을 갖겠다는 생각은 사실상 미국 국가주권에 대한 도전이었다.

구글이 극비리에 개발하다 2019년에 공식적으로 중단시킨 '드래곤플라이Dragonfly' 프로젝트 또한 같은 사례였다. 이 프로젝트는 중국 공산당이 구글을 검열할 수 없으니, 중국의 검열 현실에 맞게 구글 검색 엔진을 개조하는 것이 목적이었다. 이 역시 중국을

▍ 미국 법무부와 구글의 대립

출처: 매일경제

미국 법무부 주장		구글 주장
"구글은 경쟁사들이 따라올 수 없는 부당한 보조금으로 검색시장 우위를 점했다."	VS	"나이키가 백화점에 좋은 자리 차지하려고 돈 내는 것과 뭐가 다른가."

▍ 미국에서 구글의 검색 시장 점유율

*2020년 8월 기준

자료: 스텟카운터, 월스트리트저널

92.1% **모바일**

89.6% **태블릿**

79.5% **PC**

▍ 전 세계 검색 엔진 점유율

바이두 1.1
빙 2.4
야후 1.6
기타 2.4

단위: %

구글 92.5

*2020년 7월 기준 / 자료: 인터애드

▍ 국내 검색 엔진 점유율

다음 4.6
빙 1.6
기타(ZUM,야후 등) 1.1

구글 32.0

단위: %

네이버 60.7

*2019년 10-2020년 10월 기준 / 자료: 인터넷트렌드

▍ 글로벌 기업의 국내 앱 마켓 독과점 상황

*2019년 말 기준

자료: 한국모바일산업연합회

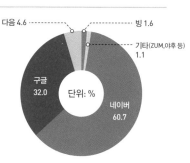

63.4%	24.4%	11.2%	기타 1.0%
구글(플레이스토어)	애플(앱스토어)	이동통신 3사 (원스토어)	

위해 미국의 우선권을 버리는 것이었기 때문에 미국 국가주권에 대한 도전과도 같았다.

그렇지 않아도 미국의 위상이 흔들리는 시기에, 실리콘밸리의 IT 기업들은 미국의 주권을 더욱 위태롭게 만들 수 있는 행동을 했다. 국가의 대외적 위상에 관심이 많은 공화당(트럼프) 정권에서 구글에 대한 반독점 소송을 진행한 것도 이런 배경과 무관하지 않아 보인다. 트럼프 행정부의 법무부는 2020년 10월 20일, 구글이 검색 시장 1위 지위를 불공정하게 유지해왔다며 반독점 소송을 진행했다.

피할 수 없는 'GAFA 견제'

'거대 IT 기업에 힘이 집중되는 것이 문제'라는 생각은 민주당도 갖고 있었다. 그러나 또 공화당과는 보는 관점이 달랐다. '구글, 페이스북, 애플 등이 미국을 버리고 중국에 붙었다'가 공화당의 불안이었다면, 민주당의 문제의식은 '구글, 아마존, 페이스북, 애플 등이 소상공인과 다수 대중을 버리고 주주와 부자들을 위해서만 힘을 키우고 있다'였다. 특히 바이든이 후보 시절 경쟁했던 상원의원 버니 샌더스와 엘리자베스 워런Elizabeth Warren의 관점이 그랬다.

이런 문제의식은 하원의회 반독점위원회 위원장 로버트 시실리니에게도 영향을 미쳤고, 결국 시실리니 위원장은 1년여간의 조사 끝에 2020년 9월, 보고서를 내면서 '네 기업을 견제하는 법안을 만들어야 한다'는 의견을 제출하기에 이르렀다. 이 법안은 '네 기업이 실리콘밸리 등에서 등장하는 미래의 경쟁자 스타트업들을 인수하기 힘들도록 만들어야 한다'를 예고하는 것이기도 했다. 기존 실리콘밸리 사업의 룰을 완전히 바꿔야 한다는 주장이 담겨 있는 셈이다.

이처럼 이유는 다르지만 공화당과 민주당 모두 내부에서 거대 IT 기업들을 강력하게 견제해야 한다는 목소리가 나왔다. 트럼프 행정부가 바이든 행정부에 '구글을 쪼개야 한다'는 필요성을 남겼고, 민주당이 '실리콘밸리의 룰을 바꿔야 한다'는 화두를 남겨 놓았다. 어떤 형태로는 답해야 하는 중요한 주제다.

의외로 이에 대한 답변은 어렵지 않다. 거대 IT 기업들에 견제를 가하면 된다. 수위와 정도의 문제만 있을 뿐, 바이든 행정부 입장에서도 양당이 거세게 원하는 IT 기업 견제를 마다할 이유는 많지 않다. 실제로 바이든도 후보 시절부터 거대 기업의 독점적 권력에 대한 견제론을 여러 차례 밝힌 적이 있다. 2019년 12월, 그는 〈뉴욕타임스〉와의 인터뷰에서 페이스북 등 소셜미디어들이 가짜 뉴스를 다루는 방식이 너무나 무책임하다고 비판했다. 또한 바이든 선거운동 캠프의 맷 힐 대변인은 미국 유력 경제지 〈월스트리트저널〉에서 "많은 IT 공룡기업이 권력을 남용했을 뿐만 아니라,

미국 시민들을 호도했고 민주주의를 훼손했으며 책임을 회피해왔다"며 "이 모든 것은 바이든 대통령 시대에 끝날 것"이라고 말하기도 했다.

그러나 바이든의 후보 시절 공약집에는 GAFA에 대한 견제를 어떻게 할 것인지에 관한 구체적인 계획이 나와 있지 않다. 굉장히 유보적인 자세다. 그가 구체적으로 네 기업을 어떻게 견제할 것인지 밝힌 적이 딱 한 번 있는데, 바로 2020년 6월 CNBC와의 인터뷰에서였다. 그는 "그들이 아무리 규모가 크다고 하더라도 적절한 세금을 내야 한다"고 말했다.

현재 애플, 구글, 페이스북, 아마존 등은 조세회피처를 통해 미국에 내는 세금을 줄이고 있다. 바이든 후보의 1호 공약이 세금 인상이라는 점을 감안하면 네 기업이 지금보다 세금을 더 내야 한다는 사실에 틀림이 없어 보인다. 바이든은 후보 시절 법인세 최고세율을 21%에서 28%로 올리고, 기업들의 국외 소득에 대한 증세를 추진하겠다고 공언했기 때문이다. 하지만 지금 공화당과 민주당 일각에서 나오고 있는 '거대 IT 기업 쪼개기' 수준의 강력한 철퇴는 단 한 번도 바이든의 입에서 나오지 않았다. 온건한 진보 성향인 바이든은 실리콘밸리에 강한 충격 요법을 쓰는 일을 선호하지는 않는 것이 확실해 보인다.

부통령 당선자인 카멀라 해리스를 보면 바이든 행정부가 실리콘밸리 거대 기업들에 대한 온건한 견제를 이어갈 수 있다는 전망

2015년 페이스북 본사에서 셰릴 샌드버그와 함께한 카멀라 해리스 부통령 당선자의 모습 일러스트

이 더더욱 힘을 얻는다. 해리스는 실리콘밸리 지역에서 검찰총장을 지낸 인물로 누구보다 이 지역의 생태계를 잘 알고 있는 인물로 꼽힌다. 구글에 초기 투자했고, 에릭 슈미트라는 CEO를 구글에 붙여준 것으로 유명한 벤처캐피탈리스트, 존 도어 같은 인물들이 해리스의 든든한 후원자기도 하다. 페이스북을 절반 정도 경영하고 있는 셰릴 샌드버그 COO와 해리스는 서로 '절친'이라 부를 정도로 가까운 사이다. 〈뉴욕타임스〉 등 현지 언론 보도를 살피면 바이든이 후보 시절부터 자신의 전문 분야가 아닌 영역인 IT는 부통령의 조언을 많이 듣겠다고 밝혀온 것을 알 수 있다. 따라서 해리스의 입장 또한 미국의 대형 IT 기업과 관련 있는 정책에 적잖

바이드노믹스의 실체 | **69**

은 영향을 끼칠 것이라 판단할 수 있다.

해리스 역시 대선후보 시절 토론회에서 거대 IT 기업들에 대한 견제가 필요하다는 입장을 밝힌 적이 있다. 그리고 그 방법으로 자신이 만일 대통령이 된다고 가정할 경우 "GAFA 기업들을 견제할 수 있는 유능한 법무부장관을 임명할 것"이라고 밝히기도 했다. 이는 엘리자베스 워런 상원의원이 밝힌 것처럼 GAFA 기업들을 쪼갤 수 있는 유능한 연방거래위원회 위원장을 앉히겠다고 한 것과 형식적으로는 대등한 해법이긴 하다. 하지만 당시 대선토론에서 다른 후보들이 "거대 기업들을 쪼개겠다"고 말한 것과 달리, "법무부장관에게 맡기겠다"는 대답은 다소 수위가 떨어지는 것이 사실이다.

종합해보면 바이든 정부의 백악관은 실리콘밸리에 이렇게 귓속말을 할 가능성이 크다. '우리는 당신들을 심하게 때릴 생각이 별로 없어. 그러나 당신들의 커다란 힘 때문에 견제를 해야 한다는 세상의 주장에 우리는 어떤 방식으로든 대답을 해야 할 거야. 그러니 가벼운 예방주사를 맞는 기분으로 제재를 가할게. 꽤나 아플지도 몰라.'

이런 태도는 바이든 정부의 거대 금융기업에 대한 규제에도 비슷하게 나타날 수 있다. 물론 바이든 정부가 금융기업을 대하는 태도는 IT 기업을 대하는 태도보다 조금 더 강력할 것이다. 먼저 거대 IT 기업에 세금 부과를 공언했듯, 바이든은 거대 금융기업에게도 세금 부담을 늘릴 수 있다고 말한다. 이는 금융기업들의 이익 감소를 불러일으킬 것으로 예상된다. 이 때문에 금융시장에 영향을 미칠 것이라는 지적도 나온다.

최근 국제금융센터는 〈바이든 후보 당선이 은행 산업에 미치는 영향 점검〉 보고서를 발간해 '민주당이 대통령과 의회를 장악하면 은행뿐 아니라 금융시장 전체가 단기적으로 불리해질 수 있다는 시각이 다수'라는 현지 분위기를 전했다. 또 보고서는 바이든 진영이 각종 금융 거래에 세금을 부과하는 '금융거래세'를 오랫동안 검토해왔고, 금융거래세 도입이 은행의 가치 평가에 부정적인 영향을 미칠 수 있다고 전했다. 게다가 트럼프 행정부가 은행들을 강력하게 규제해왔던 도드-프랭크법을 크게 완화했는데, 바이든 정부가 다시 이 규제를 강화할 것으로 예상된다. 도드-프랭크법은 시스템 리스크 예방책 마련, 파생금융상품 규제 강화, 금융소비자 보호장치 신설, 대형 금융기업들에 대한 각종 감독·규제 방안을 담고 있다.

바이든이 금융기업 규제의 나사를 다시 강력하게 죄어야 한다는 입장인 것은 사실이지만, 그는 버니 샌더스나 엘리자베스 워런처럼 소비자 보호를 위해 체제 자체를 급진적으로 바꿔야 한다는 입장은 아니다. 바이든 행정부는 '온건한 진보'라는 말에 걸맞게 거대 IT 기업이나 금융기업들에 대하여 급진적 조치보다는 예방적 조치로 그들의 힘을 빼는 방법을 택할 것으로 보인다.

월가가 본 바이든

월스트리트 주요 투자은행Investment Bank, IB들은 바이든 당선자가 코로나19 극복을 위해 대규모 부양책을 내놔 미국 경제 회복 속도를 높일 수 있다고 평가하고 있다. 월가 은행들은 원래 트럼프 대통령의 친시장 정책을 선호했지만 대선 유세 중 바이든 당선자의 지지율이 더 높아지자, 재빨리 입장을 바꿔 '블루웨이브(민주당의 대선 승리와 상하원 다수당 지위 획득)' 시 대규모 부양책이 가능해져 미국 경제에 긍정적 영향을 미칠 것이라고 평가했다.

골드만삭스는 2020년 10월 5일(이하 현지 시간) 내놓은 시장전망 보고서에서 "민주당이 대통령 자리와 의회를 모두 장악하면 최소 조 달러 이상의 재정 부양 패키지가 나올 여력이 생긴다"고 밝혔다. 이는 넉 달 전만 해도 민주당과 바이든 후보의 과격한 증세 움

미국 맨해튼 월가

직임을 비판하며 "코로나19보다 바이든의 조세 정책이 더 위협적"
이라고 평가 절하했던 것과 180도 달라진 내용이다. 골드만삭스는
바이든 행정부의 인프라스트럭처, 기후변화, 의료, 교육 부문 등
에서 대규모 지출이 공격적 조세 정책의 부작용을 상쇄할 수 있을
것으로 전망했다.

코로나 극복 위한 대규모 부양책의 예상 효과

월가에서는 바이든 당선자가 코로나19 극복을 위해 대규모 부
양책을 내놓을 것이라는 기대감도 커지고 있다. 골드만삭스의 얀

하치우스 수석이코노미스트는 2020년 10월 19일 보고서에서 블루웨이브 시 추가 대규모 부양책은 물론 인프라 지출과 최저임금 인상 가능성도 있다고 전망했다. 하치우스는 "상하원에서 민주당 원이 절반을 넘기고 백악관까지 휩쓸면 추가 부양 규모가 상당해질 것"이라고 말했다. 그는 "내년 1분기 추가 부양은 물론 인프라와 기후관련 법안이 잇따를 것이며 세금 인상을 통해 건강보험을 확대하는 법안도 2021년 3분기면 통과될 것"이라고 예상했다.

하치우스는 바이든 행정부가 실행할 세금 인상의 부정적 효과는 대규모 부양책으로 상쇄될 수 있을 것이라고 내다봤다. 그는 내년, 코로나19 위기 극복을 위한 추가 부양책으로 2조 5,000억 달러가 집행될 것으로 예상했다. 또 2조 달러 규모의 인프라·기후변화 관련 정부 지출과 내년 하반기 건강보험 관련 추가 지출을 전망했다.

골드만삭스는 블루웨이브가 실현되면 미국 성장률 전망치를 상향할 것이라고 덧붙였다. 골드만삭스는 2020년 10월 초 보고서에서 민주당 압승 시 추가 부양으로 미국의 국내총생산GDP이 2~3%포인트 늘어날 것이라고 전망한 바 있다.

뉴욕 채권시장에서도 대규모 부양책에 대한 기대감으로 미 국채 금리가 올랐다. 국채 금리는 대선 유세 과정에서 바이든 당선자의 우세가 점쳐진 시점부터 오르기 시작했다. 국채 금리가 오르는 것은 시장에서 부양책을 예상하고 있다는 사실을 의미한다. 만약

▎기대되는 대규모 경기부양책 효과

골드만삭스	• 2조 5,000억 달러 상당 코로나19 극복 부양안 예상 • 2조 달러 규모 인프라·기후변화 재정지출 전망 • 증세 부작용 대규모 부양책으로 상쇄 가능 예측
뱅크오브아메리카	• 바이든 증세·규제 강화는 경제에 타격 • 적극적인 코로나19 부양책 긍정적 효과 기대
채권시장 국채 금리 상승	• 미국채 10년물 금리는 10월 0.8%대, 부양책 규모 커지면 1% 넘어설 수도 있음

민주당이 향후 상원에서 과반수를 얻을 경우 미 국채 10년물 금리는 2020년 10월 기록한 0.8%대를 훌쩍 뛰어넘어 연 1%를 넘어설 것이라는 관측도 나왔다.

2020년 10월 25일자 〈한국은행 국제경제리뷰〉를 통해 뱅크오브아메리카가 "바이든의 세금 인상, 규제 강화 등의 공약은 트럼프의 감세 공약 등에 비해 성장에 기여하지는 못할 것이나 코로나19 사태에 더 적극적으로 대응해 경기 회복에 긍정적 영향을 미칠 것"이라고 예상했다는 사실을 알 수 있다.

영국계 은행 HSBC도 "바이든 후보의 증세 정책은 경기 회복에 부정적으로 평가되지만 코로나19 피해 복구, 대규모 재정 지출 계획 등으로 부정적 영향은 제한될 것"이라고 전망했다.

무역 불확실성 줄고, 달러화는 약세 기조

월가는 바이든의 당선으로 무역 불확실성이 줄어들고 달러화 약세가 나타날 것으로 전망했다. 뱅크오브아메리카는 "바이든의 경우 (트럼프와 달리) 다른 동맹국과의 협력을 중요시하는 만큼 무역 정책 관련 불확실성은 전반적으로 감소할 것"이라고 전망했다. 일본계 노무라금융그룹도 "바이든 후보가 당선될 경우 통상 정책은 트럼프 때보다 덜 과격할 것이며 세계 기후변화, 인권보장 등과 관련한 미국의 리더십을 회복할 것"이라고 관측했다.

골드만삭스는 "바이든이 당선될 경우 중국산 제품에 대한 관세 인상 가능성은 낮아 보이는데, 이는 달러·엔화의 가치 상승 억제와 주가 상승 요인으로 작용할 것"이라고 내다봤다. 자크 판들 골드만삭스 전략가는 2020년 10월 9일 발표한 투자 노트에서 "리스크가 달러 약세로 기울어지고 있다"며 달러 매도를 추천했다. 골드만삭스에 앞서 UBS자산관리, 인베스코 등도 달러 하락을 예상한 바 있다. 판들 전략가는 "민주당이 대선과 총선을 모두 휩쓰는 블루웨이브, 백신 출시 소식이 달러지수를 2018년 저점까지 떨어뜨릴 수도 있으며 달러는 4% 이상 더 떨어질 수 있다"고 경고했다.

오르는 유가와 친환경 정책

월가는 바이든 당선을 따라 유가가 오를 것이라고 전망했다. 골드만삭스는 2020년 10월 11일 발표한 분석보고서에서 바이든 당선 시 트럼프 대통령의 큰 지지를 얻어온 셰일 석유 규제가 강화돼 생산은 줄고 생산 비용이 증가하면서 유가는 오를 것으로 내다봤다. 골드만삭스 상품팀은 보고서에서 "바이든 행정부 체제에서는 석유·가스 생산이 더 큰 어려움에 봉착하게 될 것이며 설령 바이든이 중립적인 색채를 띤다고 해도 마찬가지일 것"이라고 말했다.

골드만삭스는 바이든 행정부가 대선 공약으로 2035년까지 이산화탄소 배출이 없는 친환경 에너지 전환을 약속한 만큼 트럼프 행정부에서 느슨해졌던 각종 규제가 강화되고, 법인세 역시 올라가 생산 비용이 증가할 것으로 전망했다. 바이든 당선자가 셰일 석유·가스 생산 기법인 '프래킹 공법(수압 파쇄법)'을 직접 규제할 생각은 없다고 밝혔지만, 엄청난 물을 동원해 높은 수압으로 구멍을 뚫어 심각한 환경오염을 초래한다는 비판을 듣고 있는 '프래킹 시추 신규 허가'는 감소할 것으로 예상했다.

또한 골드만삭스는 바이든 당선자가 이란과 핵협정을 재개해 석유수출국기구OPEC 2위 산유국 이란의 석유가 다시 국제 석유시장에 풀린다고 해도 유가는 오를 것이라고 전망했다. 바이든 행정

▌ 기대되는 대규모 경기부양책 효과

바이든의 '2035년까지 이산화탄소 배출 제로' 약속	• 셰일 가스·석유 생산업체 불이익 불가피
트럼프 행정부 때 느슨해진 셰일석유 생산 규제 강화	• 환경오염 초래 셰일석유 시추 신규 허가 감소 전망 • 법인세 인상 따라 셰일 석유 생산 비용 증가
이란 핵협정 재개해도 유가는 오를 것	• 이란 석유 공급 재개로 미국 셰일 석유 수익성 악화

부의 규제 강화에 따른 미 셰일석유 감소폭이 더 클 것으로 예상
되기 때문이다. 더욱이 이란 석유 공급이 단기적으로 국제유가를
떨어뜨려 생산비용이 증가한 미 셰일석유의 수익성을 악화함으로
써 추가 공급은 감소할 것으로 골드만삭스는 내다봤다.

금·은·구리 등 원자재 시장 강세

글로벌 원자재 시장은 바이든 당선으로 강세를 보일 것으로 전
망됐다. 10월 22일, 골드만삭스는 내년 바이든 행정부의 대규모
부양책에 따라 달러 약세, 물가 상승이 예상되면서 향후 12개월간
미국 신용평가사 S&P의 골드만삭스 원자재지수 수익률이 30%를
기록할 것으로 전망했다.

제프리 큐리 이사가 이끄는 골드만삭스의 리서치팀은 보고서

에서 "역사적인 재정 부양책과 계속되는 낮은 금리로 인해 다시 물가 상승 우려가 제기되고 있다"며 "따라서 물가 헤지 수단으로 원자재에 투자하는 투자자들이 늘어날 것"이라고 분석했다. 이어 "특히 금이 헤지 수단 중 하나로 여겨져 올해 가격은 26%나 올랐으며 2021년에는 금값이 온스 당 평균 2,300달러를 기록할 것"이라고 전망했다.

달러 약세 역시 원자재 가격을 끌어올릴 것으로 내다봤다. 앞서 예일대의 스티븐 로치 연구원은 "2021년 말까지 달러가 35% 하락할 것"이라고 전망하면서 "구리 수요도 바이든 당선에 따라 향후 5년간 매년 2% 증가할 것"이라고 덧붙였다.

골드만삭스는 바이든 당선자의 친 태양광 정책에 따라 은 수요도 급등할 것이라고 예상했다. 미하일 스프로기스 골드만삭스 애널리스트는 2020년 10월 12일 보고서에서 "세계에서 재생 에너지, 그중에서도 특히 태양광 수요가 늘어나는 상황에서 은을 주목해야 한다"고 강조했다. 바이든 당선자는 앞으로 5년 동안 미 전역에 태양광 패널을 5억 개 설치하겠다는 공약을 내세웠다. 스프로기스는 은의 산업용 수요 중 18%를 태양광이 차지하고 있다고 강조했다. 미국은 물론 중국에서도 태양관 투자가 늘어날 수 있으며, 이것이 은 투자자들이 가장 희망하는 시나리오라고 밝혔다.

한편 바이든 당선에 따라 뉴욕증시에서는 신재생 에너지 관련 기업 주가가 급등할 전망이다. 자산운용회사 구겐하임 파트너

▌금·은·구리 등 원자재 관련 전망

- 대규모 바이든 부양책으로 달러 약세, 물가 상승 전망

- 물가 헤지 수단으로 원자재 투자 늘어날 것

- 12개월 금 선물 전망치 온스 당 2,000달러 → 2,300달러

- 은, 태양광 패널 사용돼 미국 수요 급증 예상

- 구리 수요 향후 5년간 매년 2% 증가 전망

스는 솔라에지, 퍼스트솔라 등 태양광업체를 수혜주로 꼽았다. 바이든 당선자가 오바마케어 부활을 공약으로 내세운 점에 주목해 HCA헬스케어, 존슨앤드존슨 등 헬스케어업체들 역시 수혜주로 선정됐다.

구글과 애플 등 거대 IT 기업들의 경우 순이익 급감이 예상된다. 뱅크오브아메리카는 10월 4일 발표한 글로벌리서치 자료를 통해 "바이든 당선자가 내세운 법인세 최고 세율을 기존 21%에서 28%로 인상하고, 미 기업들이 해외에서 벌어들이는 매출에 대한 세금을 높이겠다는 공약이 해외에서 매출 상당 부분을 얻고 있는 IT 기업들의 순이익 감소율을 두 자릿수로 만들 것"이라고 경고했다.

2

글로벌 리더십의 복원

BIDEN
NOMICS

동맹 회복과 협력의 부활

미국의 대외 정책을 이야기할 때 '미국 예외주의American Exceptionalism'라는 용어를 빼놓을 수 없다. 미국 예외주의란 19세기 프랑스 사상가 알렉시스 드 토크빌이 미국을 유럽과 달리 예외적 성격을 지닌 국가라고 규정한 데서 비롯됐다. 미국 예외주의를 신봉하는 정치 세력은 미국은 특별한 소명을 지니고 있으며 주로 민주주의, 시장경제, 도덕성에 기반을 두어 전 세계의 리더가 돼야 한다고 믿는다.

외교 정책에서 트럼프 정권과 바이든 정권의 가장 큰 차별점도 미국 예외주의에서 시작된다. 20세기 이후 트럼프 정권이 들어서기 전까지는 정도의 차이가 있었을 뿐 공화당이든 민주당이든 미국 예외주의에 대한 공감대가 형성돼 있었다. 그러나 도널드 트럼프 대통령은 미국이 '세계의 경찰'이 되지 않겠다며 고립주의적 외교 전략을 선택했다. '미국 우선주의America First'를 내세웠으나 이는 미국적 가치의 확대가 아니라 자본 이익의 극대화가 목적이었다. 그는 20세기 이후 미국 외교의 근간이던 동맹 시스템을 의도적으로 흔들고, 유엔을 비롯한 국제기구의 다자주의 시스템을 찬밥 취급했다. 국경을 차단하고, 분쟁 지역에서 부분적 철군을 강행했다. 철군에 반대하는 내부 세력을 가리켜 군산복합체의 하수인이라고 비난하면서까지 자신의 주장을 관철시키기 위해 애를 썼다.

그러면서 한편으론 테러리스트 수뇌부를 암살하며 미국의 힘을 과시했고, 이른바 '스트롱 맨'으로 불리는 권위주의 국가의 지도자를 추켜세웠다. 종잡을 수 없는 외교 정책으로 인해 미국에 대한 동맹국의 신뢰도는 추락했고, 트럼프 대통령은 국제무대에서 외톨이가 됐다. 이스라엘에 힘을 실어주며 중동 평화구상을 관철하려 했지만 미완에 그쳤으며, 중동의 강자인 이란과의 관계는 파탄이 났다.

트럼프 정권의 외교적 실패를 돌아본 것은 조 바이든 당선자의 외교 정책이 완전한 대척점에 서 있기 때문이다. 바이든은 스스로 외교 전문가를 자처해온 인물이다. 6년 임기의 상원의원에 일곱 번 내리 당선된 그는 외교위원회에서 주로 활동했고 상원 외교위원장을 두 차례 역임했다. 또한 버락 오바마 정권에서 8년간 부통령을 하면서 외교 무대의 전면에 섰던 축적된 경험이 있다. 지금으로부터 40여 년 전인 1979년에 이미 중국의 덩샤오핑, 옛 소련의 레오니트 브레즈네프를 직접 면담했다. 지금도 바이든은 전 세계 주요 지도자 가운데 모르는 사람이 없다고 자부하고 있다.

이런 관점에서 바이든 정권의 외교정책은 미국 예외주의의 부활이자 과거 민주당 정권이 견지했던 노선을 복구하는 데서 시작된다고 봐도 무방하다. 바이든 당선자의 정치적 동지인 존 케리 전 국무장관은 최근 "바이든은 우리가 고함을 친다고 예외적일 수 없다는 것을 안다"며 "우리는 예외적인 일을 할 때에만 미국 예외주의를 말할 수 있다"고 했다.

'미국 우선주의' 폐기로 미국 리더십 되살리기

바이든 당선자의 대외분야 공약 슬로건은 바로 '미국 리더십의 회복America Must Lead Again'이다. 기본적으로 그의 외교 철학은 미국이 제도와 다자주의를 통해 적극적으로 글로벌 리더십을 발휘해야 한다는 것이다. 트럼프 대통령이 신新 고립주의를 채택해 국제기구와 다자동맹을 경시하고 미국 국익을 극대화하기 위한 양자 협상에 집중한 것과는 정반대다.

바이든은 최근 "트럼프의 '미국 우선주의'는 '미국 왕따America Alone'로 끝났다"고 말했다. 앞서 2020년 초 〈포린어페어스〉 기고문

▌'美 리더십 회복' 내세운 바이든의 주요 외교안보 정책

- 민주주의 국가 간 연대를 통한 리더십 강화

- 강력한 군사력 유지하되 선제적 사용 자제

- 아시아에서 한국·일본·호주 등 동맹 강화

- 북대서양조약기구(NATO) 군사력의 현대화

- 신전략무기감축협정(New Start) 연장 등 군비 축소

- 파리기후협약 재가입 및 국제기구 영향력 복원

- 이란 핵협정 복귀를 통해 중동지역 갈등 완화

- 아프가니스탄 추가 철군, 예맨 전쟁 종식

- 국무부 체제 개편 및 해외 지원예산 재검토

에서는 "가치를 공유하는 다른 나라와의 협력은 미국을 약하게 만들지 않으며 오히려 미국의 힘을 배가하고 영향력을 확대하는 바탕이 된다"고 강조했다. 2020년 8월 전당대회에서 민주당 집권 시 청사진을 담아 확정한 정강정책 중 가장 눈에 띄는 대목이 바로 미국 우선주의의 공식 폐기다.

민주당은 미국 우선주의 대신, 전통적 미국 외교정책의 근간인 동맹을 재창조하고 국제기구를 통한 다자주의를 회복하겠다고 선언했다. "우리는 건강한 민주주의, 공정한 사회, 포용적 경제가 미국의 대외 리더십을 위한 필수적 전제조건이라고 믿는다"며 "우리

2011년 6월 이탈리아에 주둔 중인 미 해군기지를 방문해 장병들을 격려한 조 바이든

는 새로운 시대를 위해 미국의 리더십을 재창조할 것"이라고 주장
했다. 이를 위해 민주당이 내세운 최우선 과제는 '동맹 재창조'다.
민주당은 트럼프의 동맹 폄하가 적성국들이 꿈꾸던 방식이었다
면서 미국의 동맹 시스템이 냉전 종식 이후 최대 위기에 처했다고
진단했다.

바이든 당선자는 유럽 안보의 핵심인 북대서양조약기구NATO
(이하 나토)의 군사적 능력을 유지하는 한편 사이버 테러 등 새로운
위기에 대응하기 위한 경쟁력을 강화하겠다고 공약했다.

명확히 밝히진 않았지만, 트럼프 대통령이 추진했던 주독미군

©위키피디아

2013년 2월 판문점을 방문한
조 바이든 당시 부통령

감축 등 유럽 내 미군 병력의 재배치 계획도 재검토될 것으로 전망된다.

바이든 당선자는 또 아시아 지역과의 동맹 강화를 약속하면서 한국, 일본, 호주 등을 명시적으로 거론했다. 민주당은 정강정책에서도 "한반도에서 핵 위기가 계속되는 가운데 트럼프 대통령은 동맹국 한국을 대상으로 급격한 방위비 증액을 요구해 한국을 착취하려고 했다"고 비판한 바 있다. 한국과 일본의 방위비 협상은 순조롭게 풀려나갈 가능성이 크다.

다만, 중국 압박을 위해 인도태평양 지역의 역내 동맹을 활용하려는 것은 민주당도 마찬가지다. 민주당 중진 의원들이 최근 '아메리카 리드America LEADs' 법안을 상원에 상정한 것도 이런 기류를 반영한다. 이 법안에는 한국, 일본, 호주, 태국, 필리핀 등에게 대중 압박 외교에 동참하도록 촉진해야 한다는 내용도 들어 있다. 이 법안은 이들 국가에 강력한 안보 우산을 제공하면서 미국의 편에 서게 만들겠다는 의미로 트럼프 정부가 추진해온 '쿼드 플러스Quad Plus' 구상과 크게 다르지 않다. 한국에는 바이든 정부가 들어서면 대중 포용전략으로 선회하고 미중 사이에서 한국의 입지도 넓어질 것으로 예상하는 시각이 있지만 이는 희망적인 사고일 수 있다.

민주주의 국가 연대와 다자주의 복귀

동맹 재창조와 함께 대외정책의 또 다른 축은 국제기구를 통한 주도권 회복이다. 바이든 당선자는 취임 첫날에 파리기후협약 재가입을 약속했다. 세계보건기구, 유엔인권이사회, 유엔인구기금 등에도 참여할 계획이다. 트럼프 대통령이 코로나바이러스 팬데믹이 터진 후 중국에 편향됐다는 이유로 세계보건기구 탈퇴를 결정한 것과 달리, 바이든 정부는 국제기구를 오히려 적극 활용해 코로나19 사태에 대한 국제적 공조를 꾀할 것으로 관측된다.

아울러 바이든 선거캠프와 민주당 측은 미국이 먼저 핵무기 실험을 선제적으로 중단하고 포괄적핵실험금지조약CTBT을 비준하는 등 전 세계의 핵 군비 축소를 추진하겠다고 밝혔다. '신전략무기감축협정New START'의 연장도 공약했다.

이란과의 대결적 구도는 이른바 이란 핵 협정, 즉 '포괄적 공동행동계획JCPOA' 복귀를 통해 해결하겠다는 복안이다. 트럼프 정부의 포괄적 공동행동계획 탈퇴 결정을 번복하겠다는 것인데 협정이 버락 오바마 정권 말기인 2015년 7월에 체결됐다는 점을 감안하면 자연스러운 조치다.

바이든 당선자의 외교 분야 공약 중 트럼프 정권과 유사한 대목도 있다. 아프가니스탄에서의 병력을 줄이고 예맨에서의 대리전을 끝내겠다는 대목이다. 바이든은 상원의원 시절인 1991년 조지 W. 부시 정권의 걸프전 개전에 반대표를 던졌으나 2001년 아프가니스탄 전쟁에는 찬성했던 이력이 있다. 2002년에는 이라크의 독재자 사담 후세인 제거를 주장하면서 이라크전 개전에 동의했다. 부통령이던 2011년 5월 오바마 정권은 알카에다의 수장인 오사마 빈라덴에 대한 사살 작전을 펼쳤다. 기본적으로 군사력 선제 사용과 핵 능력 확대에는 부정적인 입장이지만, 필요할 때는 미국이 선택적으로 군사작전을 펴야 한다는 소신도 갖고 있는 것으로 보인다. 물론 미국이 세계 질서를 다시 주도하겠다는 바이든

2011년 5월 백악관 상황실에서 오사마 빈라덴의 사살작전을 지켜보고 있는 조 바이든 당시 부통령

당선자의 복안에 대해선 비판도 따른다. 다소 추상적이거나 미국의 국력 쇠퇴를 인정하지 않는 태도라는 의견이다.

또 기후변화 문제 등에서 미국의 이익을 희생하거나 대외 원조 증가로 국가 재정에 부담이 커질 것이란 우려도 있다. 이에 대해 바이든 당선자의 측근인 토니 블링컨 전 부장관은 언론 인터뷰를 통해 "바이든 정부에서 미국의 역할은 세 단어로 압축할 수 있다"며 "리더십, 협력, 민주주의인데 이는 트럼프 대통령과 근본적으로 다른 부분"이라고 강조했다. 그는 "트럼프 정부 이전까지 미국은 전 세계 국가들을 조직화하고 규칙을 제정하고 국가간 관계를 제도화했다"며 "우리가 관여하지 않으면 이끌 수도 없는 것"이라고 설명했다. 그러면서 "미국은 힘의 과시가 아니라 모범이 되는 것으로 세계를 이끌 수 있다"면서 "우리가 물러선 자리를 나쁜 세력이 채우게 되면 결과적으로 미국의 국익에 손해가 되는 것"이라고 덧붙였다.

바이든 당선자의 외교안보 분야 3대 브레인은 토니 블링컨 전 국무부 부장관, 제이크 설리번 전 부통령 안보보좌관, 수전 라이스 전 백악관 국가안보보좌관 등이 꼽힌다. 상원의원 중에는 바이든 당선자의 델라웨어주 상원의원 자리를 물려받았던 크리스 쿤스, 코네티컷주 상원의원인 크리스 머피가 장관 후보로 거론된다. 이들이 국무부와 백악관의 외교안보 라인을 장악할 전망이다.

미중, 긴장 완화냐 갈등 심화냐

미중 갈등 양상을 놓고 '투키디데스의 함정Tuchididdes Trap'을 연상하는 시각이 대두하고 있다. 투키디데스의 함정은 전통 강호인 스파르타가 신흥 강국 아테네를 상대로 일으킨 펠로폰네소스 전쟁에서 유래한 말이다. B.C. 5세기 아테네 출신 역자학자이자 장군이었던 투키디데스는 저서 《펠로폰네소스 전쟁사》에서 아테네와 스파르타 간 패권 전쟁의 원인을 날카롭게 분석했다. 그는 스파르타가 아테네의 부상을 두려워해 전쟁을 일으켰다고 지적했다.

국제정치 학계에선 21세기 미중 대립 구도를 투키디데스의 함정이라 표현한다. 오늘날의 미중 대립 관계는 마치 스파르타와 아테네의 시대적 충돌을 묘하게 닮았다. 지난 4년 간 트럼프 행정부는 무역, 기술, 군사 등 사실상 전방위 영역에서 대중국 공세를 펼쳤다. '미국을 다시 위대하게'라는 기치를 앞세워 미국 우선주의를 주장했던 트럼프 정권이 역대 행정부와 차원이 다른 대중국 압박에 나섰던 배경에는 '중국의 부상'에 대한 경계감이 자리 잡고 있었다.

미국을 빠르게 추격하는 중국 경제

제2차 세계대전 직후 한동안 미국 경제는 세계 시장의 절반을 차지할 정도로 강성했다. 그러다 1980년에는 31%로 떨어지더니 현재는 24%까지 쪼그라든 상태다. 반면 1980년 세계 시장의 2%에 불과했던 중국 경제는 2019년 16%로 몸집을 불리며 미국을 빠르게 뒤쫓고 있다. 2040년엔 중국 경제가 30% 이상을 차지해 미국 경제(11%)를 완전히 따돌릴 것으로 전망된다.

미국이 대중국 무역전쟁을 개시했던 2018년 여름, 미국은 물론 중국 내부에서도 '중국의 굴복'을 점치는 시각이 나올 정도로 미국의 공세 태도는 위협적이었다. 하지만 중국은 과거 서구 세력의 위압에 속수무책으로 당했던 '잠자던 용'이 아니었다.

중국은 트럼프 행정부의 공세에 맞서 초기엔 수세적 대응을 하다가 점차 눈에는 눈, 이에는 이 전술을 쓰는 횟수를 늘려나가며 미국을 당혹케 했다. 미국이 무역, 첨단기술 등의 영역으로 확전

┃ 미중 경제가 세계 시장에서 차지하는 비중

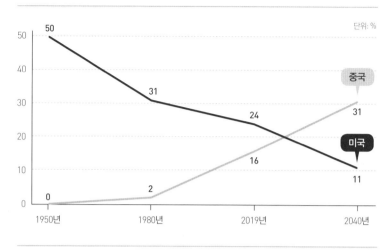

단위: %

중국

미국

50 · 1950년: 50
31 · 1980년: 31
24 · 2019년: 24
11 · 2040년: 11

0 · 1950년: 0
2 · 1980년: 2
16 · 2019년: 16
31 · 2040년: 31

*2040년은 전망치.

출처: 시나차이징 등 中 언론

을 이어나가자 중국도 똑같이 관세 보복, 미국 기업 제재와 같은 조치로 맞대응했다.

　미국과의 일전이 거듭될수록 미국을 바라보는 중국인의 시각에 변화가 생겼다. 미국을 '한 수 위의 나라'에서 '대등한 경쟁자'로 인식하기 시작한 것이다. 중국인들은 미국의 전방위 압박을 견뎌내는 자국을 바라보면서 중국의 힘과 달라진 위상을 확인했다. 그 과정에서 중국 지도부와 관영 매체들은 대미 결사항전 의지를 부각시키는 동시에 애국주의를 부추겨 내부 결속을 다지기 시작했다.

공세 목표인 주적(미국)을 설정해 경고하고, 내부적으론 위기를 조장해 단결을 꾀하려는 전략을 구사한 것이다. 이 같은 사회주의 선동은 중국 내 여론에 고스란히 스며들었고 '미국에 맞설 수 있다'는 자신감으로 발현되는 정황도 뚜렷이 감지됐다. 미국 대선에 앞서 중국 소셜 미디어에는 "트럼프와 바이든 두 후보 모두 중국에 지대한 관심을 가지고 언쟁을 벌이던데 정작 우리는 트럼프가 재선에 성공하든 바이든이 새롭게 당선되든 별로 관심이 없다"는 글이 올라오기도 했다.

〈인민일보人民日報〉를 비롯한 중국 관영 매체들은 지난 트럼프 행정부의 대중국 강경책이 역설적으로 중국의 대국 면모와 중국 특색 사회주의 체제의 우월성을 확인시켜준 계기였다고 자평했다. 여기에는 일방주의와 보호주의를 표방했던 트럼프 행정부에 맞서 2대 경제 대국인 중국이 세계 무역질서의 수호자 역할을 수행했다는 점과 미국이 코로나19 방역에 서툰 모습을 보인 반면 중국은 일찌감치 사실상 '코로나19 종식' 선언을 하며 세계 공중보건 안전에 기여했다는 식의 중국 편향적 시각이 근거로 제시됐다. 나아가 체제 우월성을 띄우는 중국 관영 매체의 주장에는 중국이 미국을 '이념 전쟁'을 벌여야 할 상대(적)로 인식하고 있다는 점을 시사한다.

이 같은 인식의 색채는 앞으로 더 짙어질 가능성이 높다. 중국 입장에서 미국의 수장이 대중 강경파인 트럼프에서 바이든으로 바뀌었다는 사실은 크게 중요하지 않을 수 있다. 타도해야 할 상대는 이념과 체제가 다른 '미국' 그 자체이기 때문이다.

중국은 미국이 '중국의 부상'을 견제하고 있다는 점에 강한 적대심을 드러내고 있다. 시진핑 중국 국가주석은 '항미원조抗美援朝(미국에 맞서 북한을 도움, 6·25 전쟁 기간 중 1950년 10월부터 1953년 7월까지 중국 인민 지원군이 참전한 단계) 참전 70주년 기념대회' 연설에서 "아무리 강한 나라와 군대라도 세계 발전 조류에 맞서 약자를 능욕하고 침략을 일삼으면 반드시 머리가 깨지고 피가 흐를 수밖에 없을 것"이라며 "중국의 주권 이익이 침해되면 반드시 정면으로 통렬한 반격에 나설 것"이라고 말했다.

하버드 케네디스쿨 학장 출신인 그레이엄 앨리슨은 "경제 발전 덕분에 중국은 만만치 않은 정치적·군사적 경쟁자로 변해가고 있다"며 "수십 년 안에 미중 간 전쟁이 일어날 가능성은 지금 인식하고 있는 것보다 훨씬 더 높다"고 내다봤다.

중국 손보려는 바이든 vs. '마이 웨이' 속도 내는 시진핑

"진짜 적을 만나게 된다면 우리는 심각한 곤경에 처하게 될 것이다."

한때 이 같은 내용의 표어가 미국 펜타곤에 붙었다는 일화가 있다. 미소 냉전 기간 동안 소련의 도발에 어설프게 대응했던 과오를 잊지 않고 두 번 다시 실수를 하지 않겠다는 일종의 다짐이다. 시간이 흐른 오늘날 이 다짐의 과녁은 소련 대신 중국을 겨누고 있다. 중국이 미국의 진짜 적이 될 나라로 간주되면서다.

미중 신냉전 시대를 열었던 트럼프 행정부는 중국과의 '대결별The Great Decoupling'을 선언했다. 2020년 7월 23일 마이클 폼페이오Michael Pompeo 미 국무장관의 연설은 미중 결별 선언의 방점을 찍었다. 그가 메시지를 건넨 곳은 냉전 기간 중국과의 관계 개선에 힘썼던 리처드 닉슨 대통령을 기리는 캘리포니아 소재 도서관이었다. 폼페이오 장관은 "지난 50년 동안 유지됐던 중국에 대한 맹목적 '관여정책'은 철저히 실패했다"며 "미국이 지금 행동하지 않으면 중국 공산당은 우리의 자유를 침해하고 국제 규범에 기초한 질서를 파괴할 것"이라고 말했다. 그는 또 중국을 '프랑켄슈타인'에 비유하는가 하면 시진핑 주석을 "파산한 전체주의 이데올로기의 진정한 신봉자"라고 비판했다.

1970년대 당시 미국은 중국과의 관계 복원을 위해 '관여정책'이라는 대중국 정책을 꺼내들었다. 이는 중국이 서방 국가처럼 자유 민주주의와 법치를 중시하는 국가로 탈바꿈할 수 있도록 미국이 관여해 중국의 발전을 도와주는 정책을 의미한다. 폼페이오 장관은 "관여정책의 낡은 패러다임을 버려야 하고 절대로 복귀해선 안 된다"고 강조했다.

바이든 정권이 들어선 지금 미국의 대중국 정책에는 어떤 변화가 생길까. 결론부터 말하자면 바이든 정권도 트럼프 행정부 때처럼 '중국 손보기'에 나설 것이란 관측이 우세하다. 조 바이든 대통령의 과거 행적을 살펴보면 힌트를 얻을 수 있다. 바이든은 오랫동안 미 상원 외교위원회에서 활동한 외교문제 전문가이자 미국의 대중국 포용정책 지지자였다. 2001년 8월 상원의원이었던 바이든은 미국 상원 외교위원회 단장 자격으로 중국을 방문해 장쩌민 당시 중국 국가주석과 만났다. 이 자리에서 바이든은 "중국이 국제무대에 등장하는 것을 환영하며 중국이 강대국으로 부상하면 인권과 무역 등 다양한 분야에서 국제규범을 잘 지킬 것으로 기대한다"고 말했다.

바이든의 방중을 계기로 2001년 말 미국 클린턴 행정부는 중국의 세계무역기구 가입을 승인했다. 아이러니하게도 바이든은 오늘날 중국이 G2(주요 2개국)로 부상하는 데 일조했던 인물인 것이다. 트럼프가 대중국 관세 보복에 나설 때도 바이든은 "중국은 미국의 경쟁자가 아니다"라고 주장하며 중국과의 협력이 국익에 도움이 된다는 논리를 펼치기도 했다.

하지만 바이든의 대중국 인식은 대선 레이스가 진행된 최근 1년 새 크게 변했다. 마치 트럼프의 강경론이 연상될 정도로 말이다. 바이든은 〈포린어페어스〉 기고문을 통해 "중국을 엄하게 다룰 필요가 있다"며 "중국을 가만히 둔다면 미국의 기술과 지식 재산권을 계속 훔쳐갈 것이고, 정부 보조금을 통한 불공정 게임을 일삼으며 미래 기술과 산업에서 우위를 차지하게 될 것"이라고 설명했다. 이는 트럼프의 주장과 일맥상통한다.

나아가 바이든은 "동맹과의 관계 회복을 꾀하고 연합전선을 앞세워 중국의 잘못된 행동과 인권침해 행위에 맞서야 한다"고 주장했다. 이 역시 트럼프 행정부의 '경제번영네트워크EPN'와 궤를 같이 한다. 인권 문제에 대해선 바이든이 트럼프보다 더 강경하다. 바이든은 중국의 약한 고리로 꼽히는 신장 위구르 자치구에서의 인권 탄압에 상당한 반감이 있다. 바이든은 시진핑 주석을 '100만 신장 위구르인을 노동 교화소에 수감한 폭력배thug'라고 혹평하기도 했다.

중국이 민감하게 반응하는 홍콩과 대만 문제도 바이든의 관심사다. 중국이 어수선한 코로나19 정국을 틈 타 홍콩 국가보안법 제정을 강행하자 바이든은 곧바로 대미 경고 성명을 발표했다. 또 바이든은 차이잉원 대만 총통이 재선에 성공하자 축하 인사를 건네며 대만과의 관계를 중시하는 모습도 보였다.

바이든 행정부의 대중국 전략과 상관없이 중국은 '마이웨이my way' 행보를 걸을 것으로 예상된다. 현재 중국의 이목은 '팍스 시니카Pax Sinica'에 향해 있다. 팍스 시니카는 중국이 주도하는 세계평화 시대를 의미한다. 제2차 세계대전 이후 현재까지 미국 중심의 세계평화 체제인 '팍스 아메리카나Pax Americana'가 유지되고 있는 가운데 중국은 미국이 주도하는 세계 질서의 중심축을 자국으로 옮기려 한다.

시진핑 중국 국가주석은 2018년 12월 중국 개혁개방 40주년 경축 대회에서 "중국은 영원히 패권을 추구하지 않을 것"이라고 강조했지만 시진핑 정권 들어 중국이 걸어온 행보를 살펴보면 패권을 향한 야망이 엿보인다. 시 주석은 2012년 12월 중국 공산당 제18차 당 대회에서 중화민족의 위대한 부흥이라는 의미를 지닌 '중국몽中國夢'을 제시했다. 중국몽에는 두 가지 구체적인 목표가 담겨 있다. 중국은 공산당 창립 100주년이 되는 2021년까지 전면적인 샤오캉 사회小康社會(의식주 문제가 해결된 다소 풍요로운 사회)를, 중화인민공화국 건국 100주년이 되는 2049년까지 사회주의 현대화 국가를 건설하겠다는 '두 개의 백년' 목표를 향해 달려가고 있다.

2017년 10월 시진핑 주석은 19차 당대회에서 '사회주의 현대화 국가' 개념을 제시했다. 여기에는 중국이 2049년까지 세계를 선도하는 강국으로 나아가겠다는 비전이 깔려 있다. 한마디로 패권국인 미국과 어깨를 견줄 수 있는 나라로 도약하겠다는 의미다.

우선 경제적 측면에서 중국은, 양적 성장 모델에서 탈피해 질적 발전을 꾀하면서 경제 체질을 탈바꿈하고자 한다. 아울러 새로운 경제 전략인 '쌍순환'을 통한 자립경제 구축에도 속도를 내고 있다. 쌍순환은 시진핑 주석이 2020년 5월 공산당 중앙정치국 상무위원회에서 처음 언급한 단어로, 내수 위주의 자립경제에 집중해 지속 가능한 성장의 토대를 조성하는 동시에 대외 경제도 함께 발전시킨다는 경제 전략이다.

외교·안보적 측면에서 중국은 대미관계 재정립과 군사 강국을 향한 행보를 펼치고 있다. 시진핑 주석은 2015년 9월 유엔에서 '신형국제관계'를 제시했다. 여기에는 중국을 중심으로 세계가 협력하고, 인류 운명 공동체에 이바지하겠다는 뜻이 담겨 있다. 당시 시 주석은 '서로 조화를 이루지만 같아지지는 않는다'는 의미의 '화이부동和而不同'을 강조하며 미국 주도의 국제질서에서 중국의 길을 가겠다는 뜻을 내비쳤다. 이는 시진핑 주석의 숙원 사업인 일대일로(육·해상 실크로드)로 발현된다.

중국은 또 미국이 세계 최강의 군사력을 바탕으로 패권국 지위를 유지하고 있다는 점에 착안해 자국의 국방력 강화에 힘쓰고 있다. 미국 외교전문지 〈더디플로맷The Diplomat〉은 "미중 관계 50년 역사에서 최악의 시기를 맞고 있다"며 "미국은 중국의 행보를 제지하기엔 타이밍을 놓쳤고, 중국은 정치·경제·군사적 역량을 앞세워 미국의 패권 지위를 넘보는 데 공세적인 태도를 취할 것"이라고 내다봤다.

바이든 머릿속의 유럽과 아시아

미국 동맹국들은 바이든 당선자가 트럼프 행정부의 미국 우선주의를 끝내줄 것으로 기대하고 있다. 바이든 당선자를 비롯한 민주당 지지자들뿐만 아니라 공화당 내부에서도 트럼프 대통령의 외교방식이 미국의 글로벌 리더십 악화를 가져왔다고 평한다. 전통적인 우방인 유럽 국가를 무시하고, 잠재적 위협 국가인 러시아에 옹호적이던 트럼프 대통령은 걸핏하면 일방적인 주장과 막말 등으로 외교 상대방을 놀라게 해 '익숙하지 못한 미국'의 모습을 보여준 탓이다.

반면, 바이든 당선자는 자유주의적 국제질서 유지에 있어 미국의 리더십이 중요한 역할을 한다고 믿는 국제주의자로 평가받는다. 그는 각종 위기와 분쟁 등 국제사회 다방면 문제에 미국의 개입 여부와 방법에 대한 정책 논의에 활발히 참여해왔다.

후보 시절 때부터 바이든 당선자는 대선에서 승리하면 즉각 파리 협정에 재가입하고, 세계보건기구 탈퇴 절차를 중단하는 등 트럼프 대통령의 주요 외교 결정을 뒤집겠다고 밝혔다. 아울러 이란의 핵 협정 준수를 조건으로 이란 핵 협정 재참여 의사를 강조했다. 또 나토 회원국과의 관계 강화와 코로나19 대응 과정에서의 국제 공조 주도를 약속했다.

특히 트럼프 대통령의 막무가내 외교정책으로 큰 상처를 입은 유럽 국가들은 바이든 당선자에게 큰 희망을 걸고 있다. "유럽은 바이든 당선자의 심장에 가장 가깝다"고 표현한 브루킹스연구소는 바이든을 조지 W. 부시 이후 범대서양주의 색채가 가장 물씬 풍기는 미국 대통령이 될 것으로 분석했다.

유럽에는 희망을 러시아에는 좌절을

나토는 제2차 세계대전 이후 피폐해진 서유럽의 주권과 영토를 옛 소련에게서 보호하기 위해 1949년 미국을 포함한 12개 창립 회원국이 모여 설립됐다. 1980년대 초까지 16개 회원국을 보유했던 나토는 1991년 소련 붕괴 이후 수십 년 동안 소련 지배하에 있던 발트 3개국과 중부 유럽의 몇몇 바르샤바 조약 회원국이 가입하면서 규모가 커졌다. 1990년대와 2000년대 미국 상원의원을 지낸 바이든은 상원 외교위원회 위원으로 나토의 동진 확대를 지지했다.

러시아는 트럼프 행정부 시절보다는 한층 힘든 상대를 만나게 된 셈이다. 친親 러시아 성향인 트럼프 대통령과 달리 바이든 당선자는 후보 시절 연설에서 기회가 있을 때마다 러시아에 경고했다. 버락 오바마 대통령 시절 러시아의 크림반도 강제 합병에 반대하며 러시아 내 반反 푸틴 세력을 지지하는 정책을 펼치는 데 당시 부통령이었던 바이든 당선자의 역할이 있었다고 러시아는 평가하고 있다.

바이든 당선자는 부통령이던 2014년 우크라이나에서 대규모 반정부 시위가 일어나 친러시아 성향의 빅토르 야누코비치 대통령이 자리에서 물러나고, 친서방 노선의 페트로 포로셴코가 대통령에 당선되자 포로셴코를 지원했다. 또한 그는 러시아 군 정보기관이 아프가니스탄 무장단체 탈레반에 미군 살해를 사주했다는 의혹과 지난 2016년 러시아의 미국 대선 개입 논란 등을 거론하기도 했다. 바이든 행정부가 러시아와 긴장 관계로 돌아설 것임을 시사한 대목이다. 이 같은 우려로 선거 전 러시아가 바이든 당선자를 겨냥한 허위사실을 계속 내보내면서 미국 대선에 개입하고 있다는 주장이 끊임없이 제기됐다.

이미 미국과 국제사회로부터 제재를 받고 있는 러시아 입장에

2020년 10월 푸틴 러시아 대통령이 중국과의 군사동맹을 언급하고 있다.

서는 바이든의 당선으로 추가 제재에 대한 우려가 현실이 될 가능성이 커졌다. 여기에다 선거 막바지까지 바이든 당선자를 괴롭혔던 '우크라이나 스캔들'에서 러시아가 모종의 역할을 담당했다는 소문이 끊이지 않고 흘러나온 점을 비춰보면, 바이든 당선자가 러시아를 상대로 강경 일변도 정책을 구사할 것으로 보는 시각이 지배적이다. 우크라이나 스캔들은 트럼프 선거캠프에서 지속적으로 언급한 것으로, 바이든 당선자가 부통령 재임 당시인 2016년 둘째 아들이 몸담은 부리스마홀딩스(우크라이나 에너지업체)에 대한 수사를 저지하기 위해 우크라이나 검찰에 대한 압력을 행사했다는 의혹이다.

다만 러시아에 강경 대응하고, 트럼프 행정부와 다르게 나토를 더 중시하는 바이든 시대가 열린다고 해서 유럽이 무조건 웃을 수는 없다. 특히 무역 분야에서는 큰 변화가 없을 가능성이 크다. 전통적으로 민주당이 공화당에 비해 자유무역 지지도가 낮다. 미국에서 이뤄지는 보호주의 정책 대부분은 민주당 정부에서 실시됐다. 러시아에 대해서도 마냥 공격할 수 있는 처지가 아니다. NPT(핵확산금지조약) 강화와 핵무기 실험중단 유지, 포괄적핵실험금지조약 비준, 신전략무기감축협정 연장을 공약한 바이든의 입장에서는 러시아의 협조가 절실하다. 영국을 대표하는 〈파이낸셜 타임스Financial Times〉는 유럽 유력 인사들의 견해를 인용하면서 바이든 행정부가 트럼프 행정부와 비교해 다른 스탠스를 취하더라도 미국이 전통적인 리더십의 근간을 되찾기 힘들 것으로 보고 있다고 전하기도 했다.

바이든, 이란 제재 풀어줄까

트럼프 대통령에게 군부 실세인 가셈 솔레이마니 사령관을 잃은 이란은 바이든의 등장에 기대하는 눈치다. 바이든 당선자는 유세 기간 동안 이란이 대화에 응한다면 포괄적 공동행동계획에도 복귀하겠다는 뜻을 내비쳤기 때문이다.

이란 아야톨라 알리 하메네이 최고지도자

바이든 대선 캠프에서 외교안보팀의 핵심적인 역할을 하는 이는 토니 블링컨 전 국무부 부장관이다. 올해 9월 25일 마이클 모렐전 중앙정보국CIA 국장대행과 대담 프로에서 민주당 대선후보 측 대표로 외교정책을 설명한 인물이기도 하다. 이란이 주목하는 것은 트럼프 대통령이 2018년 5월 탈퇴한 이란 핵 합의를 체결한 주역 중 한 명이 모렐이라는 점이다.

그러나 바이든 당선자와 호흡을 맞출 이란 내 온건 세력이 남아 있지 않다는 점이 큰 걸림돌이다. 오바마 행정부와 핵 합의를 이끌어냈던 이란 온건파들은 트럼프 행정부가 취한 강경 정책으로 설 자리를 잃게 됐다. 2020년 초 치러진 이란 총선은 반미 강경 보수파의 압승으로 나타났다. 당시 총선으로 지난 4년간 중도·개혁 성향의 온건파가 차지했던 의회를 보수파가 장악하게 되면서, 미국과 이란의 대립의 골은 더욱 깊어질 전망이다. 게다가 강경파의 의회 장악으로 2021년 5월 예정된 대통령 선거에서도 강경파 성향의 후보가 당선될 가능성이 커졌다.

중동 지역에서 이란의 최대 라이벌이자 친미 왕정 국가인 사우디아라비아는 고민에 빠지게 됐다. 이란 핵 협정 부활 시나리오가 진행될수록 사우디의 역내 영향력은 줄어들게 될 것이 자명하다. 또한 바이든 당선자는 사우디 언론인 자말 카슈끄지 피살의 배후가 무함마드 빈 살만 왕세자라는 정황이 드러난 후에도 사우디 왕실을 옹호하던 트럼프 대통령과는 입장이 현격히 다르다. 평소 바이든 당선자는 사우디 왕실을 독재자라고 서슴없이 부르고 다녔다.

러시아와 사우디, 이란은 모두 산유국이다. 정치적 입장은 서로 다르지만 국제 석유 시장에서 같은 입장을 공유하고 있다. 이들 산유국들의 유가 측면에서는 바이든 행정부가 긍정적이다. 바이든 당선자는 전통적인 에너지보다 신재생 에너지에 관심을 기울이고 있다. 석유 산업에 다양한 규제를 예고하고 있고, 세금 역시 늘어날 것으로 전망된다. 투자은행 골드만삭스는 이러한 점을 들어 바이든 행정부가 출범하면 배럴당 석유 생산 가격이 최대 5달러까지 올라갈 것이라고 예측했다. 이와 함께 달러화 약세 추세가 원유 가격 상승을 부채질할 것으로 예상된다.

트럼프와 다를 바 없는 이스라엘 정책

이스라엘의 팔레스타인 내 정착촌 건설에 대해 사실상 묵인하고 있던 트럼프 대통령과 달리 바이든 당선자를 포함한 민주당은 이스라엘을 맹비난하고 있다. 하지만, 정작 이스라엘과의 관계는 큰 변화가 없을 것으로 예상된다. 논란이 많았던 이스라엘 주재 미국 대사관을 텔아비브에서 예루살렘으로 이전한 트럼프 대통령의 결정에, 바이든 당선자는 후보 시절 "근시안적이고 경박하다"면서도 이를 되돌리지는 않겠다고 천명했다. 또한 트럼프 대통령의 외교 성과라고 할 수 있는 이스라엘과 아랍에미리트UAE 간 외교관계 정상화 합의에 대해서 "역사적 조치"라며 환영의 뜻을 밝혔다.

미국과 중남미 간 접경인 멕시코 국경은 트럼프 행정부 내내 뜨거운 감자였다. 트럼프 대통령은 무분별한 난민 유입을 막겠다는 명목으로 멕시코 국경에 장벽을 세웠다. 미국 내 히스패닉의 분노도 커졌다. 하지만 이들이 바이든 당선자에게 의문을 품는 것은 마찬가지다. 그가 부통령을 재임한 오바마 행정부가 불법 입국한 라틴계들을 대거 추방했기 때문이다. 또 바이든 당선자는 불법 체류자에 대한 대학 등록금 면제나 무료 의료혜택 제공에도 반대하고 있다. 이 탓에 선거 막바지까지 민주당 선거 진영에서 라틴계의 지지도가 시들고 있는 점을 우려했다.

중국 견제 위해 동남아 우군 만들기

바이든 당선자에게 동남아는 도전 과제다. 그는 자신이 부통령을 역임했던 오바마 행정부를 이어나가기를 원하지만, 중국과의 갈등 상황을 피할 수 없다. 바이든 당선자 역시 국제 패권을 중국에 넘겨줄 수 없기 때문이다.

바이든 당선자는 중국과의 전선은 유지하면서도 갈등의 수위를 낮춰 직접적인 충돌을 피하고 동맹국과의 공동전선으로 간접적인 압박 전략을 구사할 것으로 보인다. 미중 갈등이 무역전쟁에서 남중국해 영유권 분쟁으로 확산되면서 동남아 지역에서 확실한 우군 확보가 절실하다. 트럼프 대통령이 중국을 봉쇄하기 위해 동남아 국가 설득에 나섰지만 신통치 않았다. 중국에 경제 부문 의존도가 큰 까닭이다.

여기에 트럼프 대통령은 인도네시아 자카르타에 소재한 아세

▌바이든 당선자의 대외 러시아 · 중동 · 중남미 외교정책

러시아	• 크림 반도 합병 이후 부과된 제재 유지 및 필요시 확대 • 우크라이나 군사원조 확대 • 나토 강화 및 확대 지지 • 유럽 동맹국들과 함께 사이버 인프라 및 금융 보안 강화 등 추진 • 러시아 선거 개입에 대한 독립 수사 추진
중동	• 이스라엘-팔레스타인 두 국가 해법(Two State Solution) 지지 • 사우디에 대한 미국의 지원 재검토 • 이란 포괄적 공동행동계획(JCPOA) 복귀 • 트럼프의 북부 시리아 미군 철수 비판 • 터키에 핵 배치 우려 • 터키 내 反에르도안 세력 지지
중남미	• 베네수엘라와 주변 국가들의 난민 문제 해결을 위한 지원 확대 • 오바마의 2013 포괄적 이민개혁 지지 • 드리머(dreamer)들에게 시민권 즉시 부여 • 임시보호신분(TPS) 프로그램 복원 및 베네수엘라 시민들에게 확대

출처: 제임스 김(2020), 〈2020 미국의 선택: 주요 변수 및 결정 요인과 한국에게 주는 함의〉, 아산정책연구원

안사무국에 주아세안 미국대사를 임명하지 않아 동남아 국민들의 자존심까지 건드렸다. 결국 트럼프 행정부의 이러한 태도는 아시아·태평양 지역 내 미국의 영향력 약화로 이어졌다 호주 싱크탱크인 로위 국제정책연구소Lowy Institute for International Policy가 발표하는 아시아 국가 파워 지수Asia Power Index에 따르면 미국과 중국의 격차가 줄어들었다.

동남아 국가를 설득하기에 바이든 당선자의 이미지가 트럼프 전 대통령보다 좋다는 점은 그에게 희망적이다. 미국 대통령 선거

가 있기 전, 싱가포르 동남아시아 연구소Institute of South East Asian Studies 가 동남아 각국의 정부와 기업, 미디어를 상대로 조사한 결과 정권이 교체될 경우 미국과 동남아 지역이 더 나은 전략적 파트너가 될 수 있을 것으로 본다고 응답한 비율이 60%에 이르렀다.

기로에 선 일본의 변화 전략

미국은 일본의 유일한 동맹국이자 자국 안보의 한 축을 담당하고 있다. 미국 입장에서 일본은 아시아 전략의 핵심 국가로, 최근 중국이 부상하면서 일본의 전략적 중요성이 더 높아졌다. 미국이나 일본에 어느 정권이 들어선다고 하더라도 양국관계에 큰 변화가 없는 이유다. 다만, 바이든 시대가 시작되면서 스가 요시히데 일본 총리 입장에선 부담스러운 상황에 직면했다.

전임 아베 신조 일본 총리는 전 세계 정상급 인사 중에서도 도널드 트럼프 미국 대통령과 가장 돈독한 친분을 과시했던 인물이다. 스가 총리는 아베 내각 7년 8개월 동안 넘버2에 해당하는 관방장관(국무대신에 해당)을 지냈다. 친트럼프로 인식될 수밖에 없다. 관방장관 시절 스가 총리는 2019년 9월 이례적으로 미국을 방문

©아베 전 총리 트위터 계정

2019년 5월 일본을 방문한 도널드 트럼프 대통령이 아베 신조 총리와
지바千葉현 모바라茂原시에 있는 골프장에서 셀카를 찍고 있다.

하면서 펜스 부통령과 회담을 하고 이를 자신의 외교 치적으로 대
대적으로 홍보하기도 했다. 관방장관은 위기 대응을 담당하고 있
어 해외 출장에 나서는 일이 거의 없다. 공식적인 외교에서 친소
관계가 문제가 될 것은 없겠지만, 바이든 정권 입장에서 스가 내
각을 보는 시선이 곱지 않을 것이란 점은 짐작하기 어렵지 않다.
미국 대선 판세가 바이든으로 기울어감에 따라 일본 정부가 트럼
프 대통령의 정책들에 대해 유보적인 태도를 보인 것도 이러한 염
려가 작용한 것으로 풀이된다.

▌스가 요시히데 신임내각 정책 자료 주요 내용

코로나19 대응	• 감염대책과 경제활동 양립 모색 • 유전자 증폭(PCR) 검사 체제 확충 • 2021년 상반기까지 전국민 백신 확보 목표
정부조직 개혁	• 정부 부처 간 장벽 타파 및 디지털화로 정책 효율성 제고 • 마이넘버(한국의 주민등록번호와 유사) 보급 확대
고용확보	• 230조 엔 규모의 경제대책 수행 지속 • 관광 등 코로나19 피해가 큰 업종 지원(GoTo 캠페인 등)
지방 활성화	• 최저임금 인상 • 농업 개혁/관광 등 지방경제 활성화
저출산·고령화에 대응한 사회보장 정책	• 난임치료 지원 확대, 보육 서비스 확충 등 여성이 안심하고 일 할 수 있는 환경 구축 • 사회보장제도 효율화
외교/위기 관리	• 인도태평양 전략 지속 추진 • 중국을 포함한 인접국과의 안정적 관계 구축

출처: 스가 요시히데 공식 웹 페이지

일본, 반중연대 내세워 미일 동맹 강화 추진

스가 내각에서는 트럼프 정부가 추진했던 클린 네트워크 구상
에 참여하지 않겠다는 뜻을 미국 대선 한 달 전에 전달했다. 클린
네트워크란 5G 통신망, 모바일 애플리케이션, 클라우드 컴퓨팅,
해저 케이블 등 디지털 분야에서 화웨이와 ZTE 등 중국 기업을
배제한 파트너십을 구축하자는 미국 측 제안이다. 2020년 10월 초

모테기 도시미쓰 외상이 마이클 폼페이오 국무장관을 만난 자리에서 의견을 전달한 것으로 알려졌다. 외무장관 사이의 기밀 대화 내용이었지만 일본 정부에선 후일 이 같은 내용을 자국 언론을 통해 공개했다. 트럼프 정권과 선을 긋고 있음을 우회적으로 전달하기 위해서였다는 것이 일반적인 평가다.

바이든 정권과의 관계 강화를 위한 첫 카드로 현재 일본 내에서 주로 거론되는 것은 중국 포위망 강화다. 미국 내에서 지지 정당에 상관없이 중국에 대한 비판론이 고조되는 만큼, 바이든 정권에서도 중국 때리기는 가속화될 것이란 전망에 기초하고 있다. 일본이 중국의 진출을 저지하는 첫 번째 방어선 역할에 더 적극적으로 나선다는 것이다.

도네다치 히사오 일본경제연구센터JCER · Japan Center for Economic Research 연구주간은 "관여와 억제를 내걸었던 오바마 정권도 말기엔 억제 쪽으로 무게중심이 이동했고 이런 경향이 트럼프 정권에서 더 강화된 것"이라고 지적했다. 또한 "바이든 정권에서 미중 갈등은 더욱 심각해질 것이며 그만큼 대중 포위망 참여에 대한 요청은 더욱 강화될 것"이라고 내다봤다. 이어 "미중 갈등이 고조될수록 일본을 비롯한 아시아 국가들은 어느 쪽인지 선택하라는 압박에 시달리는 어려운 상황이 나타날 수 있다"고 평가했다.

일본의 경우 남중국해에서 연일 중국과 갈등이 고조되고 있다. 일본 입장에서도 외교 안보 면에서는 중국에 대한 강경론이 높아

2020년 9월 취임 당시 총리 관저에 들어서는 스가 요시히데 일본 총리

지는 것이 현실이다. 트럼프 정권 때 안보 면에서 반중의 핵심 정책으로 거론된 '자유롭고 열린 인도태평양 전략'이 아이디어를 일본 측에서 제공한 것도 이런 자국의 필요가 반영된 결과다. 이미 일본은 미국, 호주, 인도와 이른바 '쿼드quad'라 불리는 4개국 협의체에도 참여하고 있다. 지난 2019년 시작한 쿼드 회담은 2020년 도쿄에서 열린 2차 회담에서 정례화를 결정했다. 또 2020년 11월 인도양에서 합동 군사훈련에 나서는 등 구체화되고 있다.

다만 일본도 중국에 대한 반대 목소리만 높일 수는 없다. 경제 관계가 날로 심화되고 있기 때문이다. 일례로 유니클로를 운영하는 패스트리테일링Fast Retailing의 야나이 다다시 회장은 각종 인터뷰를 통해 미국과 동맹 관계가 중요하지만 중국을 배척해서는 안 된다고 강조했다. 유니클로만 하더라도 전체 매장 2,252개 중 35%가량인 767개(2020년 8월 말 기준)를 중국 본토에서 운영 중이다. 해외 매장만 따지자면 절반이 넘는다. 지난 2010년대 초반부터 일본 재계 전체는 중국에 대한 의존도를 줄이기 위해 노력했지만, 경제적 자장에서 벗어나지는 못하는 상황이다. 일본 정부가 안보 면에서 강경 대응을 외치면서도 시진핑 주석의 방일에 목을 매는 것도 이런 현실이 반영된 결과다.

일각에서는 반중노선 참여에 신중론을 펴는 의견도 나온다. 구보 후미아키 도쿄대학 교수는 바이든 당선자가 부통령으로 일했던 오바마 정권의 아시아정책을 기억해볼 필요가 있다고 강조한다. 구보 교수는 "2014년 존 케리 당시 미 국무장관은 아시아순방에서 역내 가장 심각한 위협으로 '지구 온난화'를 꼽았다"고 지적했다. 당시에도 이미 일본 정부에선 북한에 대한 제재나 중국의 확장에 대한 경계를 강조했지만, 당시 미국 정부에선 크게 중시하지 않았다는 뜻이라고 해석했다. 오바마 정권 말기까지도 중국에 대한 강력한 대응을 주장했던 애슈턴 카터 당시 국방장관의 의견이 제대로 반영되지 못했던 것도 주의할 필요가 있다고 덧붙였다. 이어 현재도 미국 민주당 내에서 그린 뉴딜 등 지구 온난화가 주 관심사가 되는 것처럼 중국, 북한 등 아시아 이슈가 묻힐 수 있다는 얘기다.

당장 일본 입장에서 첫 번째 관문은 방위비 협상이 될 전망이다. 일본도 한국과 마찬가지로 주기적으로 주일 미군 관련 비용 분담을 위한 협상을 진행 중이다. 통상 5년 단위로 이뤄지며 이번 계약은 내년 3월로 종료된다. 현재 일본은 연간 약 2,000억 엔(약 2조 1,500억 원)가량을 부담하고 있다. 트럼프 정권에서는 일본에게 기존에 비해 4배가량인 연간 8,700억 엔을 요구해왔다. 일본 내에선 동맹과 협력을 강조하는 바이든 정권이 트럼프 정권과 같은 무리한 인상 요구는 없을 것으로 기대하고 있다.

일본 우경화에 반대하는 바이든, 한일 갈등 조율 나설듯

한일관계와 관련해서도 변화가 나타날 수 있다. 미국 우선주의를 강조했던 트럼프 대통령과 달리 바이든 정권에선 동맹과의 협력을 강조할 것이란 게 일반적 관측이다. 미국의 아시아 정책에 있어 중요한 동맹인 한국과 일본의 갈등을 어떤 식으로든 개선하기 위해 미국이 개입에 나설 수밖에 없다는 얘기다. 잘 알려진 대로 오바마 정권 시절이던 2015년 한일 간 위안부 합의가 이뤄진 배경에는 미국의 영향이 있었다.

양국 간 입장이 워낙 다르다 보니 현재의 한일 관계는 역대 최악이란 상황에서 옴짝달싹도 못하고 있다. 우리 정부에선 일본과의 대화 의사를 지속적으로 밝히고 있지만, 사법부 판단에는 개입할 수 없다는 입장을 유지하고 있다. 2020년 9월 들어선 스가 요시히데 정권에서는 한국과의 관계 악화는 안 된다면서도 문제 해결은 한국이 해야 한다는 입장이다.

바이든 정권이 출범하는 2021년 1월 이후에도 현 상황이 계속될 공산이 높다. 미국의 새 정권에서 아시아 정책 수립 과정 중 양국에 대한 관계개선 압박을 높일 수 있다는 전망이 나오는 이유다.

여기에는 바이든 당선자의 개인적 경험도 한몫했다. 지난 2013년 아베 신조 당시 일본 총리가 야스쿠니 신사를 방문할 가능성이 높다는 소식을 접한 바이든 당선자(당시 부통령)는 직접 전화를 걸어 설득에 나섰다. 교도통신 등의 보도에 따르면 바이든 당선자는 1시간가량 이어진 통화에서 야스쿠니 신사 방문을 하면 안 된다는 점을 수차례 강조했다. 당시 아베 총리는 야스쿠니 신사 참배 여부는 자신이 알아서 하겠다는 식으로만 답변했고 바이든 당선인은 "총리의 뜻에 맡기겠다"며 통화를 마쳤다.

아베 총리와 통화 후 바이든 당선인은 박근혜 전 대통령과 통화했다. 이 통화에서 그는 아베 총리가 야스쿠니 신사 참배를 하지 않을 것이라고 박 전 대통령에 설명했으나 아베 총리는 결국 그해 12월 26일 야스쿠니 신사를 방문했다.

결과적으로 바이든 당선인의 입장은 한국 대통령을 상대로 거짓말을 한 꼴이 돼 버렸다. 미국 언론들의 당시 보도에 따르면 바이든 부통령은 신사 참배 소식을 접한 후 매우 화를 냈고 아베 총리에게 '유감스럽다'는 뜻을 전달했다. 또 미국 정부에서 아베 총리의 신사 참배에 대한 공식 성명에 '실망했다disappointed'는 강한 표현을 넣은 것도 바이든 당선인이 주도한 것으로 알려져 있다.

일본 정부에선 바이든 시대에 통상 등에서도 변화가 나타나길 기대하고 있다. 트럼프 대통령은 취임 직후 전임 오바마 대통령 시절에 타결된 TPP에서 일방적 탈퇴를 선언했다. 오바마 지우기의 일환이었다. 그만큼 바이든 시대에는 환태평양 경제 동반자 협정으로의 복귀 등이 나타날 수 있을 것이란 기대감도 커진다.

야마시타 가즈히토 캐논글로벌전략연구소Canon Institute of Global Studies 연구주간은 "오바마 전 정권이 통상정책 레거시(유산)로 가장 공을 들인 것이 환태평양 경제 동반자 협정"이라고 지적했다. 이어 "지적재산권 보호 및 투자시 기술이전요구 금지 등 현재 미국이 중국에 요구하는 정책의 대부분이 사실은 환태평양 경제 동반자 협정에 포함돼 있다"고 설명했다.

바이든 정권에선 환태평양 경제 동반자 협정 복귀와 함께 이틀 안에 중국이 참여하도록 하는 방식을 취할 수 있다는 얘기다. 일본에 대한 통상정책에서도 양자 간 협의를 선호한 트럼프 대통령과 달리, 바이든 정권에선 다자협의의 틀 안에서 이뤄질 것이고 이는 환태평양 경제 동반자 협정이 될 가능성이 높을 것으로 전망했다. 장기적으로는 세계무역기구의 부활이 이뤄질 수 있는 방향으로 논의를 이끌어가야 한다는 것이 일본의 전략이다.

북한 비핵화 협상 새판 짠다

2020년 10월 10일, 평양에서 0시부터 2시간여 진행된 열병식. 북한 노동당 창건 75주년 기념 군사 퍼레이드에서 다양한 전략무기들이 줄지어 선보였다. 그중 세계를 경악시킨 건 단연 대륙간 탄도미사일ICBM이었다. 북한이 2년 8개월여 만에 공개한 신형 ICBM은 기존 '화성-15형'보다 길이가 2미터 이상 늘어나 최대 24미터로 추정됐다.

세계 최대급인 이 '괴물 ICBM'은 여러 개의 핵탄두를 장착하고 미국을 공격할 수 있는 능력을 갖췄다는 공포스러운 분석과 '실용성이 떨어져 실전에 배치될 수 있을지 의문'이라는 폄훼로 의견이 갈렸다. 하지만, 김정은 북한 국무위원장과의 양자 정상 회담을 중시했던 미국 트럼프 대통령의 대북·북핵 전략이 별 효과를 거두지 못했다는 점에서는 어느 정도 의견이 모였다. 미국 언론은 '트럼프 대통령의 북핵 억제 정책은 실패'라며 거세게 비판하기도 했다.

그렇다면 조 바이든 미국 대통령 당선자는 어떤 전략으로 북한과 비핵화 문제에 접근할까. 바이든의 외교 철학과 발언, 행보 등을 감안해볼 때 과거 6자 회담의 형식을 참고한 다자 회담 부활, 이란 핵 협정 방식 적용, 정상 회담을 통한 톱다운Top Down 방식 등을 고집한 트럼프와 달리 실무 회담을 중시하는 보텀업Bottom-Up 방식, 전략적 인내Strategic Patience 활용, 북한 인권 강조 등 여러 가지 특징을 예측해볼 수 있다. 트럼프는 싱가포르와 베트남 하노이에서 김정은과 양자 회담을 갖거나 친서를 주고받으며 '북핵을 해결하고 있다'고 큰소리를 쳤었다. 바이든은 이런 트럼프와는 전혀 다른 방향에서 북한 문제 해결을 시도할 것으로 보인다.

트럼프 방식에 대한 비판과 '다자 회담 틀' 부활

일본 나가사키대 연구센터는 각국 발표와 과학단체 조사 자료를 바탕으로 매년 핵무기 숫자를 발표하고 있는데, 2020년 6월 기준으로 전 세계 핵탄두는 1만 3,410발로 추정된다. 러시아(6,370발)와 미국(5,800발)이 전체의 90% 이상을 차지하고 중국이 뒤를 잇는다. 35발 정도의 핵탄두를 갖고 있다는 북한에 대해서 '북한 핵·미사일 전력은 확대 경향을 보인다'는 것이 이 센터의 분석이다.

새로운 핵보유국의 등장을 막고자 하는 미국 입장에서 북핵 문제는 공화당과 민주당을 가릴 것 없이 가장 큰 외교 이슈일 수밖에 없다. 하지만 이 문제에 접근하는 바이든의 방식은 트럼프와 매우 다를 것이다.

바이든은 대선 전 여러 자리에서 트럼프의 북한 전략과 비핵화 접근법에 대해 철저하게 비판해왔다. 그는 2020년 10월 대선을 앞두고 개최한 타운홀 미팅에서 "(트럼프는) 세계의 모든 폭력배를 포용하고 있다"며 "내 말은 그(트럼프)가 북한 지도자와 가장 친한 친구라는 뜻이고 그는 러브레터를 보내고 있다"고 언급했다. 바이든은 이어 "북한은 사용할 수 있는 더 많은 폭탄과 미사일을 갖게 됐다"고 말했다.

바이든은 더 나아가 미국 언론과의 인터뷰에서 "트럼프가 집권했을 때보다 북핵 문제에서 더 나쁜 상황을 물려받을 것이 확실하다"며 "세 번의 TV용 만남 이후 단 한 개의 미사일이나 핵무기도 폐기하지 못했다"고 비판했다.

트럼프와 김정은이 비핵화 진전을 위해 두 번이나 정상 회담을 했고 판문점에서 만나거나 친서도 교환했지만 별다른 성과가 없었음을 꼬집은 것이다.

바이든의 외교 철학 자체도 트럼프의 '양자 회담을 통한 문제

도널드 트럼프 미국 대통령(오른쪽)과 김정은 북한 국무위원장이 2019년 6월 30일
판문점 남측 지역 '자유의 집'에서 만나 악수하고 있다.

해결'과는 맞지 않는다. 바이든은 오바마 행정부 8년간 부통령을
지냈고, 6년 임기의 상원의원에 일곱 번 연속 당선되며 주로 외교
위원회에서 활동했다. 미국 내에서도 국제 관계와 외교에 정통한
것으로 평가되는 그는 미국이 전통적 동맹을 중시하면서 제도와
다자주의를 통해 적극적인 리더십을 발휘해야 한다는 생각을 갖
고 있다. 미국 우선주의를 바탕으로 양자 회담을 통해 북핵 문제
를 해결하려던 트럼프와는 상반된다. 트럼프가 미국의 탈퇴를 이
끌었던 파리기후협약 등에 다시 가입하겠다는 뜻을 밝혀온 것도

도널드 트럼프 미국 대통령(앞줄 가운데)이 2019년 6월 30일 판문점 남측 '자유의 집'에서
김정은 북한 국무위원장(앞줄 왼쪽)과 회담을 마친 뒤, 문재인 대통령(앞줄 오른쪽) 과 함께
이동하고 있다.

이런 철학에 기초한다.

트럼프가 김정은 위원장과의 담판으로 북핵 문제를 해결하려
는 톱다운 방식을 고집했다면 바이든은 실무 회담의 중요성, 권한
을 인정하고 동맹국과 주변국의 협조를 활용하는 보텀업 방식을
선호할 것이라는 전망이 많다.

바이든은 2020년 10월 대선후보 토론에서 미·북 정상 회담을
위한 전제조건을 묻는 질문에 "그(김정은)가 핵 능력을 축소하는 데
동의하는 조건"이라며 "한반도는 비핵화 지역이 돼야 한다"고 말

했다. 이는 실무 협상 또는 다자협의를 통해 북한이 실질적 핵 프로그램 감축에 동의한 뒤에야 미·북 정상 회담이 열릴 수 있다는 의미이자 톱다운 전략은 활용하지 않겠다는 입장을 보인 발언으로 해석됐다.

트럼프가 정상 회담이라는 최고 레벨의 카드를 일찍 써버렸기 때문에 실무 협상과 국제 공조로 점진적 해결책을 모색할 여지가 줄었다는 게 바이든과 민주당의 생각이다. 또 일본, 중국 등 주변국과 북한을 압박하는 방식이 북핵 문제 해결에 보다 효과적이라는 것이 바이든의 생각이다. 이런 점을 감안할 때 바이든은 북핵 문제의 해결책으로 과거 6자 회담과 형식을 참고한 다자 회담의 틀을 모색할 가능성이 있다.

6자 회담은 2003~2008년 남북한, 미국, 중국, 일본, 러시아 등 6개국이 모여 북핵 문제 해결을 시도했던 기구이다. 2003년 북한이 NPT 탈퇴를 선언해 국제 정세가 긴박하게 돌아가자 6개국이 머리를 맞댄 것이다. 2007년 '북한 핵시설 불능화'라는 합의에 도달했고 이에 따라 북한 영변 원자로 냉각탑 폭파가 진행되는 등 핵 불능화 조치가 진행되기도 했다. 하지만 2009년 북한이 "미국과 대화가 무용하다"는 입장을 밝히고 장거리 로켓 시험 발사와 핵 실험 등을 감행하면서 6자 회담은 실효성을 잃어갔다.

다자 회담의 가능성을 높이는 또 다른 요소로는 바이든 캠프에서 이란 핵 협정 방식을 높게 평가하고 이를 북핵 협상에 적용하는 방안을 검토하는 것도 꼽힌다. 바이든 캠프에서는 중국을 북핵 문제 해결의 지렛대도 삼겠다는 얘기도 나왔는데, 이 역시 이란식 모델과 연관성이 있는 것으로 보인다.

이란 핵 협정은 오바마 정권 말기인 2015년에 체결됐다. 협약에 참여한 나라는 미국, 러시아, 중국, 프랑스, 영국 등 유엔 안전보장이사회 상임이사국과 독일, 유럽연합, 이란 등이다. 이란이 핵 개발 프로그램을 단계적으로 포기하는 대가로 경제 제재를 해제하고 이를 위반하면 제재가 다시 가해진다는 것이 주요 내용이다. 트럼프는 2018년 "이란 핵 협정은 거짓말에 바탕을 둔 끔찍한 협상이고 이 협정은 사실상 이란의 우라늄 보유를 계속 늘리도록 허용했다"고 비판하며 이 협정을 탈퇴하고 2020년 8월 이란에 대한 제재 복원을 유엔 안보리에 통보했다. 하지만 바이든과 민주당은 이란 핵 협정을 높게 평가하고 있어 이에 복귀하겠다는 입장을 보이고 있다.

바이든 캠프에서 외교 안보 참모로 활동한 토니 블링컨 전 국무부 부장관은 언론 인터뷰에서 "우리는 한반도의 비핵화를 분명한 목표로 삼고 있다"며 "힘든 문제지만 우리는 이란과 협상을 성공적으로 이끈 경험이 있다"고 말했다. 그는 "중국이 북한에 대해 진정한 경제 제재를 함으로써 북한을 협상 테이블로 끌어낼 수 있도록 압박하겠다"며 "시간과 준비가 많이 필요하겠으나 보상을 얻을 수 있을 것"이라고 덧붙였다.

전략적 인내와 '북한 인권'이 변수

바이든 정부는 정권 초기부터 이란 핵 협정 개정에 나서면서 북한에도 유사한 다자 회담 모델을 적용하기 위해 관련국과 논의를 시작할 것이라는 전망이 나온다. 다자 회담이 실현되더라도 여러 나라가 참여하는 특성상 합의에 이르기까지 많은 시간과 노력이 필요하다. 더구나 6자 회담이나 이란 핵 협정 모두 과거 '합의 파기'라는 실패를 안고 있는 모델인 만큼 이를 어떻게 수정 적용할지도 관건이다.

회담이 성사되기까지도 여러 가지 변수가 있을 것이고 시간도 오래 걸릴 것이다. 북한을 압박할 수 있는 중국의 협조를 끌어내야 하는 과제가 있을 뿐만 아니라 벼랑 끝 전술에 익숙한 북한이 바이든 집권 초기 협상력을 높이기 위해 ICBM 시험 발사 등 도발을 감행해 북핵을 둘러싼 분위기가 냉각될 수도 있다. 6자 회담의 효율성을 높게 보지 않는 북한은 트럼프 정권 때처럼 양자 회담을 통한 담판을 더 선호할 수 있다. 하지만 바이든이 '북한이 핵 능력 축소에 동의하는 전제 조건' 없이는 정상 회담을 하지 않겠다는 입장을 보였던 만큼 미·북 정상 회담이 성사되기는 쉽지 않아 보인다.

북한이 다자 협상에 응하지 않고 도발을 감행하는 '냉각' 상황이 지속될 경우 바이든은 과거 오바마 행정부에서 활용했던 '전략적 인내' 카드를 만지작거릴 수도 있다. 전략적 인내란 경제 제재를 비롯한 압박을 지속하면서 북한의 태도 변화를 끌어낸다는 개념이다. 2009년 북한이 핵 실험을 재개하며 6자 회담 합의 파기를 선언하자 오바마 정권이 지속했던 전략이다. 오바마 정권은 특히 유엔 제재 등을 통해 북한을 압박했다. 하지만 전략적 인내가 지속되는 동안 북한은 핵·ICBM 개발을 지속했던 만큼 이 역시 뚜렷한 성과를 거둔 것으로는 평가받지 못한다. 따라서 바이든이 전략적 인내를 고려하더라도 방법론에서 오바마 정권과는 차별화된 방안을 고민할 것이라는 분석도 나온다.

'완전한 비핵화'를 위한 협상이 쉽지 않을 것이라는 가정에서, 협상의 범위를 최소한의 북핵을 용인하되 제재 강화와 정치적 고립화를 통해 추가 핵 개발을 제어해야 한다는 현실론도 있다. 수잔 라이스 전 국가안보보좌관이 이런 의견의 대표적 인물이다.

미·북 관계의 변수가 될 수 있는 또 다른 문제는 북한의 인권이다. 트럼프는 김정은과의 정상 회담에 집중하고 친서 외교를 펼치면서 북한 인권 문제에는 강한 입장을 보이지 않았지만, 바이든은 이 문제에 대해 뚜렷한 의지를 갖고 있다.

바이든은 2020년 8월 민주당 전당대회에서 "15년 전 나는 북한 인권법이 통과되는 것을 돕기 위해 노력했고 평양의 잔혹한 정권에 미국의 가치를 보여줬다. 트럼프는 독재자를 위해 변명하고 북한 인권특사 임명도 거부하고 있다"고 트럼프 행정부를 쏘아붙였다.

민주당의 정강 정책에서도 "북한 주민을 잊지 않을 것이며 민주당은 인도주의적 원조를 지지할 것이고 북한에 엄청난 인권 유린을 중단하라고 압력을 가할 것"이라고 강조하고 있다.

바이든이 북한의 인권 상황을 비판할 경우 북한이 강경하게 나올 가능성이 크다. 북한은 이미 바이든의 비판에 대해 거친 말을 쏟아낸 적이 있다. 북한 조선중앙통신은 2019년 11월 바이든을 가리켜 "집권욕에 환장한 늙다리 미치광이. 바이든과 같은 미친개를 살려두면 더 많은 사람을 해칠 수 있기 때문에 더 늦기 전에 몽둥이로 때려잡아야 한다"며 욕에 가까운 비난을 가했다. 바이든이 유세 과정에서 트럼프의 외교를 비판하며 "푸틴, 김정은과 같은 불량배를 포용하고 있다. 이 자(김정은)는 자기 고모부의 머리를 박살 내고 공항에서 형을 암살했다. 그는 사실상 사회적으로 구속되는 가치란 것을 모르는 자"라고 비판하자 북한이 반격에 나선 것이다.

한미 관계, 민주당 커플링 시대로

미국 대선 결과 공화당에서 민주당으로 정권이 교체되면서 한국과 미국 양국에서 민주당이 집권하게 됐다. 지난 1998년 취임한 김대중 전 대통령과 집권 2기에 접어든 빌 클린턴 당시 대통령은 3년간 친밀한 관계를 유지했다. 당시 클린턴 행정부의 대북 포용정책과 김 전 대통령의 '햇볕 정책'이 맞아떨어진 덕분이다.

추억을 되살리면서 한미 민주당 정권의 밀월 시대가 열릴 것인가에 대해서는 의문이다. 북한 인권 문제가 큰 걸림돌이다. 대북정책에서 인권 문제를 애써 외면하고 있는 문재인 정부를 바라보는 미국 민주당의 시각은 곱지 않다. 민주당은 전통적으로 인권을 중시해왔다. 세계 최악의 반인권 국가로 꼽히는 북한에 대한 감정이 좋지 않다. 바이든 당선자 역시 인권 문제를 우선 과제로 삼고

빌 클린턴 전 미국 대통령

있다. 그는 2020년 8월 민주당 전당대회 후보 수락 연설에서 외교
안보 정책을 통해 인권 문제를 중시하겠다고 강조했다. 민주당은
더 나아가 전당대회에서 채택한 정강에 북한 인권 문제를 포함시
켰다.

인권 인식 차 커 충돌 예상

지난 2004년 북한 인권 법안을 지지한 바이든 당선자는 기업가 출신인 트럼프 대통령과 달리 외교 정책 경험이 매우 많다. 공화당의 조지 부시 행정부와 민주당의 버락 오바마 행정부에서 북한 인권 문제를 어떻게 다뤄왔는지 지켜본 인물이다. 김정은 북한 국무위원장을 세 차례나 만났지만 북한 인권 문제를 뒷전으로 밀어버린 트럼프 대통령과 달리 바이든 당선자는 북한과의 대화 추진 과정에서 인권 문제를 반드시 주요 의제로 거론할 것으로 보인다.

바이든 당선자를 대통령 당선에 이끈 미국 민주당 의원들에게 잊을 수 없는 일이 있었다. 불과 2년 전의 일이다. 2018년 미국 워싱턴DC 하원에서 열린 민주주의 시상식에서 '한국 전환기 정의워킹 그룹TJWG' 등 4개 인권단체가 수상했다. TJWG는 한국에서 북한 주민들의 인권 개선 운동을 펼친 단체다. 이 자리에는 낸시 펠로시 당시 민주당 하원 원내대표를 포함한 미국의 유력 정치인들과 정부 관계자들이 참석했다.

그러나 한국 외교관들은 불참했다. 미국 의회에서 치러진 시상식에서 초대받은 한국 외교관이 참석하지 않은 모습을 민주당 의원들이 지켜봤다. 또한 바이든 당선자의 대북 인식이 트럼프 대통령에 대한 반감이나 비판에서부터 출발할 가능성이 커 대북관계가 더 복잡해질 수도 있다.

┃ 북한 정치범 수용소 관리 운영 현황

	개천 14호 관리소	요덕 15호 관리소	명간 16호 관리소	개천(구 북창) 18호 관리소	청진 25호 관리소
형태	마을	마을	마을	마을	구금시설
구역구분	완전통제구역	혁명화구역	완전통제구역	이주민(별도 구분없이수용)	교화소 식
		완전통제구역			
사회복귀	불가능	불가능, 가능	불가능	불가능, 가능	불가능, 가능
가족동반여부	가족동반	본인/가족동반	가족동반	본인/가족동반	본인
관리주체	국가보위성	국가보위성	국가보위성	인민보안성	국가보위성

출처 : 통일연구원

태평양 건너 미국 민주당은 북한 주민들의 안타까운 인권 상황을 걱정하는 것과 달리, 한국의 더불어'민주당'은 북한 인권을 외면하고 있다는 평가를 받고 있다. 북한 인권법이 시행된 지 4년이 지났지만, 통일부와 외교부의 소극적인 태도로 실효성이 없는 상태다. 주무기관인 북한 인권재단은 출범도 하지 못했다. 북한 인권대사 역시 임명되지 못하고 있다.

2016년 9월 4일 시행된 북한 인권법에는 북한 인권법 시행을 위한 북한 인권재단 설립과 북한 인권실태 기록·보존을 위한 통일부 북한 인권기록센터 및 법무부 북한 인권기록보존기구 설치, 국제사회에 북한 인권 문제를 대변할 북한 인권 국제협력대사 임명, 북한 인권증진자문위원회 설치 등의 내용이 담겨 있다. 2016년 9월 당시 외교부는 북한 인권법에 따라 북한 인권국제협력대사 자리를 신설했다. 초대 대사는 이정훈 대사였다. 하지만 문재인 정부 출범 이후 이 대사의 임기가 2017년 8월로 종료됐는데도 정부는 후임자를 지정하지 않고 있다.

여기에 문재인 정부는 북한의 2인자 김여정의 한마디에 헌법상 표현의 자유 원칙을 침해하면서까지 대북 전단 살포 단체들의 설립 취소를 강행했다. 이처럼 북한 정권의 눈치를 보고 있는 문재인 정부는 현물 지원에는 적극적이면서 정작 북한 인권을 위한 노력은 하지 않는 이중적인 태도를 취하고 있다. 북한군이 한국 공무원을 살해한 사건이 일어난 가운데 한국은 북한 인권결의안 작성을 위해 10월 13일 열린 유엔 회의에 참석하지도 않았다. 한국은 2008년부터 11년 연속 북한 인권결의안 공동 제안국에 참여했으나, 2019년 돌연 불참했다. 미국과 일본, 유럽연합 등 자유 민주 진영 국가 대부분이 참여한 공동 제안국에서 한국이 빠지자 북한의 우방인 중국, 러시아와 입장을 같이 하는 것인지 의심도 커지고 있다.

통상 부문도 뜻밖의 암초 만날 가능성

통상 측면에서도 난항이 예상된다. 바이든 당선자는 공약으로 '미국인들에게 이익이 되는 노동자 기반의 통상 정책 추진'을 내걸었다. 트럼프 대통령처럼 자국 중심의 통상 정책을 펼치겠다는 구상이다. 트럼프 대통령 취임 이후 4년 동안 취해진 자동차 및 철강 관련 관세와 세이프가드(긴급수입제한조치) 등 비관세 장벽은 물론 예상하지 못한 추가적인 보호무역 조치도 감수해야 할 가능성이 커졌다. 한미 자유무역협정FTA 이행 등에 대한 미국의 압박도 지속되거나 더 거세질 가능성이 있다고 전국경제인연합은 전망했다. 무역협회 분석에 따르면 자유무역과 다자주의를 옹호하는 바이든 당선자는 기능이 정지된 세계무역기구 개혁을 주도해 다자 통상질서 재편을 시도할 것으로 보인다. 다만 코로나19 여파에 따른 경기 둔화로 선거 결과와 관계없이 보호무역주의 기조가 지속될 것으로 전망된다.

40만 명 규모의 전미자동차노조가 유세 기간 동안 바이든 지지를 선언한 만큼 바이든 당선자는 자국 산업을 보호하기 위한 조치를 취할 것으로 보인다. 이는 결국 한국 자동차·철강 산업의 대미 수출에 타격을 불러올 것이다. 아울러 바이든 당선자는 환경과 노동 문제를 중시하기 때문에 해당 이슈에 민감한 화학과 반도체 업종의 타격도 예상된다. 중국에 의존한 한국 경제는 트럼프 대통령이 시작한 미·중 무역전쟁과 미국의 수입 규제 강화 조치로 상당한 피해를 입었다. 바이든 행정부가 들어서도 미·중 간 헤게모니 싸움은 계속될 것으로 보인다. 바이든 당선자는 후보 시절 동맹국과 함께 중국의 불공정한 무역 관행을 시정하고 다자무역 질서를 훼손하는 중국의 구조를 개혁하겠다고 밝혔다. 이처럼 효과적인 대중 압박과 성과를 도출하기 위해 전통적 우방과의 공조를 중시하는 바이든 당선자와 민주당은 트럼프 행정부보다 더 강하게 미국 중심의 우방국 공조 그룹에 한국의 참여를 요청할 가능성이 있다.

'선택 압박' 트럼프 때보다 심해질 수도

문제는 문재인 정부와 더불어민주당의 친중親中 성향과 정면으로 부딪힌다는 점이다. 당장 한국 정부의 대표로 미국에 있는 이수혁 주미대사의 '70년 한미동맹 선택' 발언에서도 이를 알 수 있다. 2020년 10월 14일 미국 국방부 청사에서 열린 한미안보협의회SCM에서 한국의 친중 성향에 미국 정부의 노골적인 불만이 표출되기도 했다. 당시 한미 공동성명에서 예년과 다르게 '주한미군 현 수준' 문구가 빠졌다. 전시작전통제권 전환을 위한 미래연합사 완전운용능력FOC 평가 추진 시점도 명시되지 않았다. 심지어 사전 조율됐던 양국 국방부 장관의 공동기자회견마저 열리지 않았다.

바이든 당선자 역시 오바마 행정부 때와는 다른 대중 인식 기류 차이로 중국을 상대로 한 압박을 이어나갈 것으로 전문가들은 예측하고 있다. 미국의 이 같은 입장과 달리 한국 여권은 문 대통령이 취임 초 밝힌 '중국몽 동참'에 호응하기라도 하듯 중국과의 관계에서는 적극적이다. 더 나아가 명明·청淸 시대의 조선처럼 굴욕적인 모습을 보이기도 한다. 세계적인 아이돌그룹으로 성장한 방탄소년단BTS이 미국 코리아소사이어티가 수여하는 밴플리트상 수상식에서 "올해는 한국전쟁 70주년이다. 한미가 공유하는 고통의 역사와 수많은 남녀의 희생을 언제나 기억할 것이다"라고 말했다가 중국 관영 〈환구시보〉를 시작으로 여러 중국 여론에 공격을 받았다. BTS에게 병역특례를 제공해야 한다던 여권의 일부 인사들은 갑자기 태도를 바꿔 BTS를 비난하면서 중국 편을 들었다.

마이크 폼페이오 미국 국무장관은 당초 2020년 10월 4~6일 일본 도쿄에서 열리는 '쿼드Quad' 외교장관 회의에 참석한 후 7~8일 한국을 찾을 예정이었다. 그러나 이러한 계획을 10월 3일 전격 취소했다. 한국이 미국의 중국 견제를 위한 공동대응 회의체인 '쿼드' 회의에 참여할 뜻을 보여줬다면, 폼페이오 장관은 한국을 방문해 문 대통령을 만났을 것이다. 이를 통해 한국의 중요성을 중국에 과시하는 효과도 거둘 수 있기 때문이다. '쿼드'는 미국이 중국 견제를 위해 아시아·태평양 지역에서 구축하려는 나토 성격의 집단안보기구를 추구하고 있다.

미국의 반중 vs 한국 민주당의 친중

미국에서는 중국 때리기에 여야가 따로 없다. 바이든 당선자는 그의 선입견으로 여겨졌던 친중 태도를 볼 수 없게 됐다. 바이든 당선자는 민주당 대선후보 경선 토론에서 시진핑 중국 국가주석을 가리켜 "민주주의의 뼈가 없는 깡패"라고 비난했다. 중국이 경제가 발전하고 국민소득이 올라오면 민주주의적인 국제 질서를 따를 것으로 기대했지만, 오히려 커진 국력을 앞세워 자유 진영을 위협하고 있는 점에 실망감을 드러낸 셈이다. 트럼프 행정부가 추진한 중국 제재 방안은 민주당의 전폭적인 지원이 있었다.

중국이 홍콩 국가보안법을 강행하자 이 법률과 연관된 중국 관리들과 은행을 제재하는 내용의 법안이 2020년 7월 초에 미국 상·하원의 만장일치로 통과됐다. 중국 동영상 공유 애플리케이션인 '틱톡'을 연방정부 공무원들이 사용하지 못하게 하는 법안 역시 상원에서 만장일치로 통과됐다. 이 밖에 위구르 등 소수민족 인권 문제와 대만 이슈, 남중국해 분쟁 등 중국이 껄끄러워하는 쟁점에서도 민주당은 공화당과 같은 인식을 공유하고 있다. 4년 전 민주당 정책강령에 기재됐던 '하나의 중국One China Policy' 원칙이 대선을 앞둔 전당대회에서는 삭제됐다. 바이든 당선자와 중국의 갈등은 트럼프 행정부 못지않을 것으로 예상된다.

지난 2020년 7월 여론조사기관 퓨리서치센터가 실시한 조사

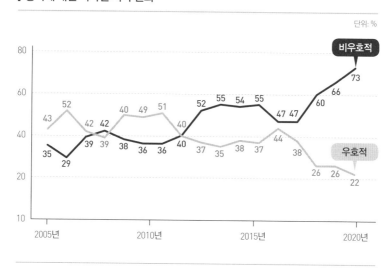

단위: %

출처: 퓨리서치 KB경영연구소 재인용

결과에 따르면 중국에 '비호감'을 느끼는 미국인 비율은 73%로 조사가 시작된 2005년 이후 최고치를 기록했다. 반대로 호감을 느끼는 비율은 2010년 전후만 해도 50% 안팎에 이르기도 했지만, 최근에는 22%에 불과했다. 특히 이러한 반중 정서는 정치 성향과 무관하다는 점이 눈길을 끈다. 중국에 호감을 느끼지 않는 비율은 공화당 지지자(83%)와 민주당 지지자(68%) 모두 절반을 넘어섰다. 한국 정부에서는 '마이웨이' 방식의 트럼프 행정부보다는 동맹과의 상호협력을 중요시하는 바이든 행정부와 마찰이 더 커질 가능성이 있다. 전략적 모호성으로 어물쩍 넘어가려는 현재 문 정권의 방식에 한계가 오기 때문이다. 미중 간 양자택일을 해야 하는 경우를 피할 수 없을 것으로 보인다.

3

바이든 시대, 달라지는 미국

BIDEN
NOMICS

상·하원 의회권력 변화

바이든 당선자가 상원의원이었던 시절 그와 첫 대면을 한 오바마 전 대통령은 "거참 말이 많은 사람이더군요"라고 그를 평했다. 다변가인 바이든 당선자를 향해 과묵했던 버락 오바마 전 대통령이 남긴 말이다. 그런데 바이든 당선자가 대권을 쥔 뒤 오바마의 첫 번째 평가는 "거참 운 좋은 사람이네요"일지도 모르겠다.

2020년 11월 3일 미국 대통령 선거와 함께 진행된 연방 상·하원의원 선거에서 민주당이 하원 다수를 유지하고 상원에서도 '협치'를 통한 힘의 균형을 유지할 수 있게 됐다. 오바마 행정부에서 부통령으로서 백악관과 의회 사이의 긴장 관계를 직접 경험했던 바이든 당선자에게 오바마가 덕담을 던질만한 결과다. 바이든 당선자도 본인이 대통령 선거인단의 과반수를 차지했다는 소식만큼 하원에서 다수당 지위를 탈환했다는 소식에 반가워했을 것이다.

의회 협조 필수적인 바이든에게는 날개

의회 권력의 적절한 균형은 바이든 당선자의 향후 행보에 날개를 달아줄 것으로 예상된다. 바이든 당선자는 부통령 재직 기간 8년 중 6년이라는 긴 시간 동안 하원을 장악한 공화당의 등쌀에 시달렸는데, 그 기억을 뒤로하고 안정적인 국정 운영의 기반을 확보했다.

미국은 의회 권력이 대통령 권력을 압도한다. 미 정부 태동기부터 대통령의 권력을 제한하는 데 역점을 뒀기 때문이다. 미국 건국 주도 세력이 대서양 건너 유럽의 왕조 국가들을 바라보며 자연스럽게 떠올린 것은 권력을 한 사람에게 집중시키지 않도록 해야 한다는 원칙이었다.

미국 의회는 법률과 예산은 물론 대통령이 결정한 행정부 주요 인사를 표결로 결정할 권한이 있다. 또 행정부의 정책 수립이나 이행 과정에서 하나에서 열까지 영향력을 행사한다. 이 같은 미국 정치 체제 속에서 대통령이 원하는 정책을 실현시키기 위해서는 의회의 협조가 필수적이다.

바이든 당선자는 자신의 구상을 정책으로 실현시킬 수 있는

'다수결의 힘'을 얻었다. 그의 곁에는 '여걸' 낸시 펠로시가 버티고 있다. 조지아 주 상원 결선투표 문제(후보 간 과반 득표자가 없을 경우 2021년 1월 실시)가 잠복하고 있어 공화당이 불완전한 상원 다수당 구조에서 바이든 행정부와 협치를 모색할 가능성도 크다. 역사상 첫 여성 부통령인 카멀라 해리스가 상원의장을 겸직하는 데다 초대 내각에 공화당 인사들을 장관으로 적절히 안배할 경우 월가 등 시장도 그리 나쁘지 않은 행정부 구도라고 기대하고 있다. 민주당과 바이든 당선자의 급진적 세제 개혁과 대기업 규제 정책에 적절히 속도제한이 이루어지고 경기부양 의지는 더 커질 수 있기 때문이다.

앞으로 중간 선거가 열리는 2022년까지 최소 2년간 바이든 당선자는 우호적인 정치 환경에서 임기를 헤쳐나갈 수 있다. 중간 선거에서는 상원의원 100명(임기 6년, 50개 주에서 각 2명) 가운데 3분의 1이 유권자의 심판을 받고, 하원의원 435명(임기 2년, 지역별 인구 비례)은 모두 선거를 치러야 한다. 바이든 당선자가 임기(2021년 1월~2025년 1월)의 절반 동안 미국을 잘 이끈다면 2022년 말의 중간 선거에서 다수당 지위를 유지할 것이다. 하지만 반대의 결과가 나오면 부통령 시절이던 2010년 공화당이 하원 다수당을 차지하며 겪었던 골치 아픈 상황이 재연될 수 있다.

백악관과 의회의 대립은 트럼프 대통령도 피해 가지 못했다. 2016년 트럼프 대통령은 레드 웨이브(공화당 바람)를 타고 상·하원에서 모두 공화당이 승리하는 결과를 얻어냈다. 하지만 2018년 중간 선거에서 민주당이 하원을 장악한 뒤 커다란 시련을 맞이했다. 민주당으로 하원이 넘어간 이듬해 트럼프 대통령에 대한 탄핵 소추안이 발의됐다. 펠로시 하원의장이 탄핵 소추안 통과를 주도했고 트럼프 대통령에게 미 역사상 세 번째라는 오명을 남겼다. 하원을 통과한 탄핵소추안은 상원으로 넘어가 탄핵 재판이 열렸으나 상원 다수당이었던 공화당이 부결시켜 트럼프 대통령은 직을 유지할 수 있었다. 탄핵 부결 이후 약 1개월 남짓 후, 트럼프 대통령이 국정연설을 위해 의회를 방문하자 펠로시 의장은 대통령의 연설문을 생방송 중인 카메라 앞에서 보란 듯이 찢어버렸다.

미국 정치의 양극화 현상 더욱 심해져

블루 웨이브(민주당 바람)는 미국의 정치적 쏠림(양극화)이 더욱 심해지는 현실을 보여줬다. 민주당과 공화당 어느 쪽에도 속하지 않는 중도 유권자 층이 교차 투표 즉 대통령 선거와 의원 선거에서 다른 당을 찍는 사례가 줄어들고 있다는 말이다. 유권자의 쏠림 현상은 미국 정치에서 타협과 중재자의 자리를 좁아지게 만드는 부작용이 뒤따른다.

돌이켜보면 미국 정치에서 쏠림 현상이 점점 심해지고 있다.

특히 버락 오바마가 바람을 일으켰던 2008년 하원의원 선거에는 민주당이 21석을 더 가져가 의석수 차이가 34석이나 났다. 조지 W. 부시가 당선된 2000년에는 공화당이 하원에서 2석을 잃었으나 다수당 지위는 유지했다. 빌 클린턴이 당선된 1992년 하원의원 선거에서 민주당은 의석수에서 9석을 잃었지만 다수당 지위는 유지했다. 시간이 갈수록 대통령 선거와 함께 치러진 하원 선거에서 대통령 당선인과 같은 당 소속 후보가 이기는 경우가 늘어난 것이다.

하지만 그 전의 사례를 보면 대선 승자와 하원 승자가 다른 당인 경우가 많았다. 공화당 소속인 아버지 부시(조지 H.W. 부시)는 1988년 당선됐을 때 민주당이 다수당이었다. 로널드 레이건(공화), 리처드 닉슨(공화)도 당선된 해에 하원의 다수당은 민주당이었다. 최근 50년간 대통령 선거와 같이 열린 하원 선거에서 같은 당이 승리하는 경우가 확연히 증가한 것을 알 수 있다.

중도 성향 바이든, 민주당 내 진보 진영과 조율 '난제'

"민주당은 트럼프를 내쫓기 위해 바이든 주위에 한시적으로 모였을 뿐이다." 민주당의 전략가가 한 말이다.

민주당의 대선 승리와 하원 장악이 바이든 당선자에게 전가의 보도를 쥐어준 것으로 보기는 어렵다. 바이든 당선자는 트럼프 대통령의 재선을 막을 수 있는 가장 '무난한' 중도 성향으로 인정받아 대선 후보 경선의 트럼프 대항마로 낙점됐다. 대선 승리를 거머쥔 민주당 내 진보 진영은 바이든 당선자에게 자신들의 어젠다를 압박할 가능성이 매우 높다. 바이든 당선자의 앞날에는 민주당 내부의 다양한 입장차를 조율하며 설득과 타협으로 묘수를 짜내야 하는 난관이 기다리고 있다.

바이든 당선자의 중도 성향을 의심하는 사람은 없지만 불만을 가진 사람이 많은 것이 문제다. 민주당 내 다양한 정치 스펙트럼 속에서 의원들은 백악관에 문턱이 닳도록 드나들 것이다. 이들은 코로나19 때문에 망가진 경제를 되살릴 해법을 두고도 극심한 의견 차이를 보이고 있다. 경제 분야에서 거대 기업을 겨냥한 반독점 규제 강화와 고소득자에 대한 증세는 민주당 후보 경선에서 맞붙었던 버니 샌더스 상원의원, 엘리자베스 워런 상원의원이 내세운 단골 메뉴였다. 워런 의원에게 재무부 장관을 맡기면 민주당 내 일부는 만족하겠지만 나머지는 바이든 당선자를 압박할 새로운 이슈를 찾아낼 것이다. 민주당 대선 후보 경선에서 한때 1위를 차지했던 피트 부티지지 사우스밴드 시장은 LGBTQ(다양한 성적 정체성) 이슈에 대한 민주당원들의 열의를 보여줬다. 바이든 당선자가 무시할 수 없는 민주당 주요 이슈다.

민주당 내 의견 대립 가능성은 트럼프 행정부 시기의 공화당보다 훨씬 크다고 정치 분석가들은 말한다. 정권 출범 초부터 민주당 내 각 그룹은 핵심 포스트에 자기 사람을 앉히려고 치열한 경쟁에 돌입할 조짐이다. 바이든 당선자 측은 '주류 백인 남성'이라는 이미지가 민주당의 지향점인 다양성 추구와 충돌하지 않도록 유색인종과 여성을 행정부 내 주요 인사로 발탁할 것으로 예상된다.

백악관 잃고 분열에 휩싸인 공화당 운명은?

공화당 정권은 격변에 휩쓸렸다. 대선 패배의 원인 분석과 공화당이 나아갈 방향을 두고 격렬한 논쟁이 불가피하고 전열 재정비에 시간이 걸릴 것으로 보인다. 트럼프 대통령이 밀어붙였다가 경제에 주름이 지는 부작용이 생겼던 무역 전쟁과 이민자 규제를 폐기할 것인지를 놓고 공화당 내 예전 주류 세력의 반격이 시작될 것이라는 전망이 나온다.

군이 정책과 노선이 아니더라도 선거 전부터 공화당은 적전 분열에 시달려왔다. 트럼프 대통령은 선거를 앞둔 10월 말 공화당의 정치자금 큰손들이 모인 행사에서 공화당 소속 일부 상원의원들에 대한 불만을 늘어놓았다. 트럼프 대통령은 "상원을 지키는 것이 힘들다고 생각한다", "(선거 판세가 어려운) 후보들을 돕고 싶지 않다"고 말했다. 트럼프 대통령은 자신에게 반기를 든 3명의 상원의원을 겨냥해 이 같은 발언을 한 것으로 해석됐다. 미 언론 보도에 따르면 마사 맥셀리 의원(애리조나)은 "트럼프를 지지하는 게 자랑스러운가"라는 질문을 받자 대답을 얼버무렸고, 존 코닌 의원(텍사스)은 "트럼프 대통령이 코로나19를 무시했고 그 결과로 피해가 커졌다"고 직접적으로 비판했다. 벤 새스(네브래스카) 의원은 유권자에게 "트럼프가 여성을 학대하고 백인 우월주의에 빠져 있으며 복음주의자들을 은연중에 무시하고 있다"고 말했는데 이 말이 트럼프 대통령의 귀에 들어가 트럼프 대통령의 분노를 사기도 했다. 상원 선거 패배를 예상한 새스 의원은 심지어 "나는 공화당 피바다 가능성을 보고 있다"고 말하기도 했다.

대선이 끝나도 코로나19는 계속될 것이 자명한 상황에서 패배 가능성이 짙어지자 공화당 중진들도 일찌감치 트럼프 대통령 비판에 합류했다. 존 튠 상원 공화당 원내총무는 트럼프 대통령이 앤서니 파우치 국립알레르기·전염병연구소 소장을 공격하자 "파우치 소장에 대한 인신공격을 그만두라"고 선거 이슈며 "미디어와 파우치 소장에 대한 공격을 그만두고 이슈에 집중해야 선거에서 이길 것이다"고 비판했다.

공화당은 코로나19 책임론에서 빠져나오는 것이 급선무가 됐다. 트럼프 대통령도 확진 판정을 받았다. 백악관에서 진행됐던 배럿 대법관 지명식 행사가 전염의 핫스팟이 됐다는 지적은 공화당에 지울 수 없는 오점으로 남아 당분간 공화당의 발목을 잡을 것으로 보인다. 코로나19 확산 책임을 중국에 돌리는 전략은 시간이 갈수록 입지가 좁아지면서 트럼프 정부를 향해 부메랑이 돼 날아왔고 선거를 열흘도 채 남기지 않은 시점에 백악관 비서실장이 "코로나 대유행을 통제하지 않겠다"고 사실상 항복 선언을 한 것은 당분간 공화당에 정치적 부담으로 남을 것으로 보인다.

아울러 트럼프 대통령의 불복 소송 여파로 실추되고 있는 공화당의 이미지가 국가 위기 극복의 조력자 역할을 경주해야 하는 상황이다.

대법원 전쟁은 계속된다

바이든 당선자와 트럼프 대통령은 대선 이전부터 미국 연방대법원을 두고 치열한 각축전을 벌였다. 대법원은 말 그대로 미국 전체를 관통하는 법률적 기준을 설정하는 최고 법원이다. 단순히 정치·사회·경제 의제를 다루는 판결뿐 아니라 미국 대통령, 상·하원 선거 전반에 중대한 영향을 미치는 정책들도 결정한다. 더군다나 대선이 치러진 2020년은 현세대가 단 한 번도 목도하지 못한 공포와 불확실성에 지배된 해였다. 상상도 못 했던 코로나19 팬데믹이 터졌고, 트럼프 선거캠프는 평화적 정권 이양에 확답조차 내놓지 않았다. 거기에 몇 주 몇 달이 걸릴지 모르는 대선 개표 과정까지, 혹시 모를 만약의 사태에서 최종 결정을 내릴 대법원 재판부의 중요성이 그만큼 커진 상황이 된 것이다.

1937년 이른바 '대법원 재구성 플랜'을 제안한 프랭클린 루스벨트 정권을 풍자한 만평. 꼭두각시처럼 보이는 신임 대법관들이 모두 "예스"를 외치고 있다.

미국 연방대법관은 2020년 현재 9명으로 구성돼 있다. 이 중 보수 성향의 대법관은 총 6명으로 조지 W. 부시 정권 시절인 2005년 임명된 존 로버츠 대법원장을 포함해 클래런스 토머스(1991년 임명), 새뮤얼 앨리토(2006년), 닐 고서치(2017년), 브렛 캐배너(2018년), 에이미 코니 배럿(2020년 지명)으로 분류된다. 진보 성향의 대법관은 스티븐 브라이어(1994년), 소니아 소토마요르(2009년), 엘리나 케이건(2010년) 등 3명에 그친다.

배럿 지명 강행한 트럼프의 이중 셈법

본격적인 혼란은 '진보 아이콘' 루스 베이더 긴즈버그 연방대법관이 9월 별세한 이후 발생했다. 향년 87세. 오랫동안 앓아온 췌장암 전이에 따른 합병증이 원인이었다. 긴즈버그는 2009년 췌장암 수술을 받은 것을 포함해 5차례나 각종 암 수술을 받아왔다. 빌 클린턴 정부 시절이었던 1993년 여성으로서는 두 번째로 대법관에 임명됐으며 여권 신장, 사형제도, 성 소수자, 인종차별 사안에 적극적인 목소리를 냈던 것으로 유명하다.

미국에서 연방대법관의 건강 상태는 핵심적인 사안이다. 한 번 임명되면 탄핵, 사망, 자진사퇴의 경우를 제외하고는 죽을 때까지 자리를 지키는 종신직이기 때문에 모두가 큰 관심을 가진다. 인원 변동은 곧 대법관 구성원의 이념 지형 변화로 이어지는 터라 매우 민감한 문제이기도 하다. 긴즈버그 대법관도 이 사실을 알았기에 2020년 들어 잦아진 병원 입·퇴원에도 대법관 자리를 끝까지 지키다가 숨을 거뒀다.

트럼프 대통령은 기회를 놓치지 않았다. 긴즈버그 대법관 별세 하루 만에 신속하게 여성 후임 대법관을 지명하겠다는 뜻을 밝혔다. 그가 선택한 인물은 보수 성향의 에이미 코니 배럿 제7 연방고법 판사였다. 독실한 가톨릭 신자에 대표적인 보수주의자로, 트럼프가 2018년부터 일찍이 점 찍어둔 후보군 중 한 명이었다고 알려

2020년 9월 26일 백악관 로즈가든에서 열린 에이미 코니 배럿 연방대법관 후보자
지명식에 참석한 트럼프 대통령과 배럿 후보자의 모습

진다. 아이티 출신 입양아 2명과 다운증후군을 앓고 있는 막내아
들까지 포함해 일곱 자녀를 둔 대가족으로도 유명하다.

트럼프 대통령이 배럿을 택한 배경에는 재선을 위한 정치적 계
산이 깔려 있다. 가정과 직장을 성공적으로 병행한 소위 '알파 맘'
이미지 말고도, 정치·종교적 강점이 풍부한 배럿을 내세워 보수의
결집을 꾀하려고 한 셈이다. 11월 대선 판세에 주요 유권자 집단
으로 주목받은 '백인 복음주의 개신교도White Protestant Evangelical'가 그
일부였다. 갤럽 등에서 진행된 조사에 따르면 2016년 대선 때 이
들의 81%가 놀라운 결집력을 보이며 힐러리 클린턴 후보 대신 트

럼프 대통령에게 표를 던졌다. 2020년 10월 발표된 WP·ABC 여론조사에서도 백인 복음주의 개신교도의 79%가 트럼프 대통령을 지지하는 것으로 나타났다. 재선을 위해 백인 기독교인들의 표심이 필수라고 판단한 트럼프 캠프 측은 선거를 위해 종교를 이용했다거나 기독교인들에게 들러붙는 약탈적 방식이라는 비판에도 불구하고 이들에 대한 선거 유세를 적극적으로 펼쳤다.

여야 격전지 됐던 대법관 인준 청문회

대선 전 상원 인준 청문회는 트럼프·바이든 대선 토론만큼이나 미국 사회에서 관심을 끈 이슈였다. 배럿 판사가 인준 청문회를 통과할 경우 미국 대법원은 보수와 진보 구도가 6대 3으로 기울게 되는 상황이었다. 트럼프 대통령은 이전까지 닐 고서치, 브렛 캐버노 등 보수 성향의 대법관 두 명을 임명하는 데 성공했다.

공화당은 대선 내 영향력 확대를 기대하며 대선일 전까지 배럿 판사 인준 표결을 신속히 마무리 짓는 전략을 내세웠다. 이때 미국 상원에서 공화당 의석수는 53석, 민주당(무소속 포함)은 47석으로 인준안이 무난하게 통과할 것이라는 예측이 우세했다. 민주당 입장에서는 이 같은 백악관과 여당의 시도가 민주주의를 훼손시킨다는 점과 사법부의 보수화를 눈뜨고 지켜봐야 한다는 문제가 있었다.

바이든은 "미국이 차기 대통령과 의회를 택할 때까지 대법관 공석을 마음대로 메울 수는 없다"며 오바마케어Affordable Care Act(건 강보험개혁법) 등 주요 정책이 폐기될지도 모른다는 우려를 강력히 표했다. 민주당은 이 밖에도 배럿 지명자가 전국적인 낙태 합법화를 부른 '로 대對 웨이드' 판결을 비롯해 총기 소지, 동성 결혼, 이민 정책 등에 대해 보수적인 판결이 내려질 수 있다며 걱정했다.

〈월스트리트저널WSJ〉은 "올해의 옥토버 서프라이즈October Surprise (11월 미국 대선 직전 예기치 못하게 터지는 막판 이슈)가 긴즈버그 대법관의 죽음과 함께 평소보다 2주 일찍 찾아왔다"는 평가를 했다.

균형이냐 장악이냐, 대법원 재구성으로 진보역전 노릴까

이런 배경 가운데 바이든 정부를 둘러싼 쟁점 중 하나로 떠오른 것이 '코트 패킹Court Packing' 문제다. 이른바 '대법원 재구성'으로, 민주당 입장에서는 대법관 정원을 늘려 보수와 진보 성향 구성원을 골고루 갖추자는 의도로 볼 수 있다. 배럿 지명자가 인준을 받는다고 가정했을 때, 보수 6, 진보 3으로 기울어져 있는 운동장에 진보 성향 대법관을 추가 투입해 중심 추를 맞추자는 것이다.

이는 불가능하진 않지만 폭발적인 논쟁을 일으킬 수 있는 이슈다. 전문가들은 "대법원 재편의 가장 큰 적은 기술적 문제가 아닌 여론"이라고 말한다. 미국 언론은 입을 모아 "대법원 증원 문제에서 중요한 것은 비단 올해 선거 결과가 아닌 법치주의의 안정"이라고 주장하며 비판하는 시각을 보였다.

미국의 헌법은 연방대법관 수를 특정하지 않고 있다. 대법관 구성원 규모는 정권에 따라 규모가 바뀐 적이 있으나 현재 9명 정원으로 정착한 지는 150년이 넘었다. 바이든 정부가 대법원 재편 카드를 꺼내면 대법원 내 보수파가 절대 우위인 상황은 해결할 수 있지만, '삼권분립을 훼손한 독재 정부'라는 비판에 직면할 가능성이 매우 높다. 아무리 대통령이라고 해도 특정 정당의 이익을 위해 정치적 중립을 지켜야 할 대법원에까지 손을 뻗치려고 한다는 것은 극단적 무리수로 해석될 수 있기 때문이다.

미국 내에서 역사적으로 이 같은 분위기를 조성한 사람은 1937년 재임 당시 대법원 재구성을 제안한 프랭클린 루스벨트 대통령이다. 그는 이른바 '코트 패킹 플랜'으로 불리는 자신의 이 같은 제안으로 '엄청난 정치적 패배(워싱턴포스트)'를 맞게 된다.

루스벨트는 정부가 주도하던 뉴딜 정책 관련 법안들을 사법부에서 위헌 판결로 번번이 퇴짜를 놓자 고육지책으로 '사법 개혁'을 시도했다. 기존 대법관의 나이가 70세를 넘기면 대통령의 권한으로 신임 대법관을 한 명씩 추가하자는 내용이었는데 이는 곧바

로 정계 안팎으로 엄청난 후폭풍을 불러일으켰다. 〈워싱턴포스트〉
는 당시 상황에 대해 "루스벨트 대통령은 망설일 것이 없었다. 여
당인 민주당이 상·하원에서 다수를 차지하고 있었다"면서도 "그러
나 심지어 대통령 소속 정당까지 이 논쟁적인 아이디어에 펄쩍 뛰
며 거부감을 보였고 법안은 결국 상원에서 70 대 20표로 부결되고
말았다"고 전한다.

거부할 수 없는 '법원 개혁' 카드

그럼에도 불구하고 바이든 정부는 결국 어떤 방식으로든 대법
원 개혁을 추진할 수밖에 없을 것으로 보인다. 진보적 가치를 내
세우며 출범한 새 정부가 임기 동안 총기 규제·낙태·성 소수자·
이민 관련 이슈로 번번이 대법원에 발목 잡히는 일을 두고 볼 수
만은 없을 것이기 때문이다. 트럼프 정부 시절 임명된 보수 성향
대법관 3명이 전부 40~50대로 젊다는 점도 바이든 정부에 압박
으로 작용하고 있다. 앞서 말했듯 종신직으로 임명된 이들 대법관
은 이제부터 최소 수십 년간 교체될 가능성이 극히 적다.

실제로 선거 유세 초반 대법관 증원 문제에 대한 즉답을 피하
던 바이든은 10월 중순이 되자 "대선 전까지 내 입장을 밝히겠다.
공화당이 어떤 식으로 나오는지에 따라 달라질 것"이라고 발언하

며 입장을 바꿔왔다. 그보다 몇 주 뒤엔 대선에서 이길 경우 전문가로 구성된 위원회를 준비해 연방대법원 개혁을 추진하겠다고 알렸다. CBS와의 인터뷰에서 대법관 증원에 대한 질문을 받자 "헌법학자, 민주·공화당원, 진보·보수주의자 등으로 꾸려진 초당파적 위원회를 만들겠다"고 명확히 밝힌 것이다. 그는 "그들에게 제대로 돌아가지 않고 있는 법원 시스템을 어떻게 개혁할지 180일 이내에 제시해달라고 요청하겠다"면서도 "대법원 패킹에 대한 것만은 아니다"라고 선을 그었다.

〈월스트리트저널〉은 "이번 대법원 문제로 더 많은 힘을 얻는 정당이 백악관과 상·하원을 선점할 것이고 향후 몇 년간 워싱턴 권력의 키를 쥐게 된다"며 "이미 올 한 해가 극적인 서사와 감정, 분노로 가득 찼고, 남은 한 해도 별반 다르지 않을 것으로 보인다"는 평을 남겼다.

구조적 인종차별 뜯어고치기

곧잘 공포와 분열로 편가르기식 정치를 해왔다는 비판을 받은 트럼프 대통령과 달리 바이든 당선자가 택한 방식은 통합과 포용이다.

다인종·다문화가 살아 숨 쉬는 미국에서 이는 선택이 아닌 필수일 것이다. 특히 2020년 한 해는 미국 역사에 오래 간직될 가슴 아픈 사건이 일어난 해였다. 2020년 5월 미국 미네소타주에서 백인 경찰에게 비무장 상태로 체포됐던 흑인 남성이 과잉진압을 당하던 도중 목이 졸린 채 사망한 것이다.

백주대낮 길거리에서 시민 여러 명이 지켜보는데 일어난 그의 죽음은 미국 전역에, 전 세계에 큰 충격을 줬다. 미국 사회에 수백 년간 잠들어 있던 인종 불평등에 대한 불만과 성찰이 터져 나오면서 시위가 끊이지 않았다. 이른바 "흑인의 생명도 중요하다Black Lives Matter"는 BLM 운동이다. 사건이 발생한 지 6개월이 다 되어가는 이 시점에도 인종차별 문제는 여전히 대통령 선거운동에서 가장 중요한 이슈 중 하나이며 바이든 정부 핵심 정책으로 자리잡았다.

숨진 조지 플로이드 사건에 격분한 美

조지 플로이드, 아머드 아버리, 브리오나 테일러, 제이콥 블레이크… 이들은 모두 2020년 들어 백인에게 숨진 흑인들이다. 꼭 경찰의 과잉진압만이 아니라 일반 백인 시민들에게 총살당한 죽음도 있다.

조지아주 브런즈윅에서는 마을에서 조깅을 하던 20대 흑인 청년 아머드 아버리를 백인 부자가 총을 들고 쫓아가 사살하는 일이 벌어졌다. 용의자인 그레고리 맥마이클과 그의 아들 트래비스는 "강도 용의자와 닮았다고 생각해 그를 추격했다"고 털어났다. 2월에 발생했던 사건은 담당 검사가 수차례 바뀌는 등 진행이 차일피일 미뤄지다가 수개월이 지난 74일 만에야 부자가 체포됐다.

그리고 5월 25일, 미네소타주 미니애폴리스 시내에서 위조지폐 사용 신고전화를 받고 출동한 경찰에게 흑인 남성 조지 플로이드가 무리한 진압을 당하다가 사망했다. 현지 외신에 따르면 등

2020년 8월 조지 플로이드 사망에 항의하는 시위대가 플로이드의 얼굴이 그려
진 피켓을 들고 워싱턴DC에서 행진하고 있다.

뒤로 수갑을 채운 플로이드에게 경찰관 세 명이 달려들어 제압한
뒤, 백인 경찰 데릭 쇼빈은 무릎으로 선 채 플로이드의 목을 짓눌
렀다. 플로이드가 "제발 숨 쉴 수가 없다. 이들이 나를 죽이려고 한
다"며 고통스럽게 소리치는 장면이 시민들 녹화영상에 고스란히
담겼다. 주변 행인들도 진압을 멈추라고 소리쳤지만 경찰은 아랑
곳하지 않고 8분 46초간 목을 눌러 혼수상태에 빠뜨렸다. 플로이
드가 움직임을 보이지 않자 구급차에 태워 병원으로 이송했지만
그는 끝내 숨지고 말았다.

　같은 날 뉴욕 센트럴파크에서는 백인 여성 에이미 쿠퍼가 자신

의 반려견에게 목줄을 묶으라고 말했다는 이유만으로 흑인 남성 크리스천 쿠퍼를 경찰에 허위 신고하는 일이 발생해 인종차별 논란에 기름을 부었다. 에이미 쿠퍼는 경찰에 두 차례 전화를 걸어 "아프리카계 미국인이 나를 위협한다", "공격을 시도한다"며 소리 지른 것으로 알려졌다.

이 밖에도 억울하게 목숨을 잃은 흑인들의 죽음은 셀 수 없이 많다. 3월 켄터키주 루이빌에서는 한밤중 잠을 자고 있던 브리오나 테일러가 마약 수색을 위해 난입한 경찰의 총에 맞아 숨졌다. 8월 위스콘신주에서는 동네 주민 사이에 일어난 말다툼을 진정시키던 비무장 흑인 제이콥 블레이크가 경찰에게 7차례 총격을 당해 하반신 마비 판정을 받았다. 사건 당시 블레이크의 세 자녀가 눈앞에서 부친의 사고 장면을 목격한 것으로 알려지면서 미국 시민들은 또 한 번 충격에 빠질 수밖에 없었다.

'초강경' 트럼프와 대조됐던 '치유자' 바이든

플로이드의 참혹한 영상이 인터넷상에 올라오자 미국 전역은 분노로 들끓었다. 미국 사회 '고질병'으로 여겨졌던 경찰의 과잉진압과 인종차별 문제가 함께 터지면서 곳곳에서 격분한 시위대가 들고 일어났다. 시위대는 플로이드의 마지막 말이었던 "숨을 쉴

백악관 인근 평화시위대를 강제해산 시킨 트럼프 대통령은 6월 1일(현지 시간) 세인트존스 교회를 방문해 성경을 손에 들고 사진을 촬영했다.

수 없다I can't breathe"를 비롯해 "정의 없이는 평화도 없다"는 구호를 외치며 행진에 나섰다.

　시위가 격해지면서 이들 중 일부가 폭도로 변해 주요 상점을 약탈하고 경찰서를 불태우는 일도 벌어졌다. 미니애폴리스를 비롯한 일부 주, 도시에 비상사태가 선포된 가운데 주방위군까지 투입됐다. 경찰과 주방위군은 시위대를 해산시키기 위해 최루탄·고무탄을 사용하면서 충돌은 격화됐다. 미국뿐 아니라 유색인종 차별 갈등이 남아 있는 영국, 캐나다, 독일, 프랑스 등 서구사회에서도 시민들이 플로이드 사망에 공감하며 인종차별 반대 시위를 이어갔다.

반면 트럼프 대통령은 인종차별 항의 시위가 일어난 직후부터 현재까지 일관적으로 시위대에 곱지 않은 시선을 보내왔다. 시위대를 두고 '폭력배thugs'라 칭한 반면 공권력과 경찰에게는 이 모든 비난에 대한 책임이 없다며 옹호에 나선 것이다. 시위가 한창인 지역에는 "약해빠진 극좌파 민주당이 이끄는 주정부가 제대로 일을 하지 않고 있다"며 정치적 발언을 이어갔다. 시위대를 향해선 "좌시하지 않고 군대를 보내겠다", "약탈이 시작되면 총격도 시작된다"며 주방위군을 통한 무력제압을 압박카드로 삼았다.

그런 뒤엔 백악관 인근 시위대를 뚫고 '대통령의 교회'로 불리는 세인트존스 교회를 참모들과 함께 찾아 성경책을 든 채 사진촬영을 가졌다. 이에 종교계로부터 "정치적 선전을 위해 종교 시설을 이용하고 있다"며 거센 반발이 쏟아지기도 했다.

같은 시기 미국 상하원 의원들과 쥐스탱 트뤼도 캐나다 총리가 각각 국회 바닥에, 시위가 열리는 길거리에 무릎을 꿇고 희생자들을 애도한 모습과는 대비되는 모습이다. 이들은 백인 경찰관이 플로이드의 목을 압박한 8분 46초 동안 침묵하는 퍼포먼스에 동참하며 인종차별 항의에 대한 지지 의사를 밝혔다. 바이든 당선자는 6월 초 플로이드의 고향 텍사스주 휴스턴에서 열린 영면식에 앞서 유가족을 1시간 넘게 만나 위로의 말을 건넸다.

시위현장을 직접 방문하고 흑인 주요 인사와 만나 면담하는 등 트럼프 대통령과 정반대 전략을 펼쳤다. 당시 바이든은 자신의 지역구인 델라웨어주에서 관련 인사들을 만나 버락 오바마 정부 시절 설치됐던 경찰 감독위원회 재가동 계획 등 취임 100일 안에 구조적 인종차별 해결을 위한 조치를 취하겠다고 밝혔다.

인종차별 논란의 중심에 선 경찰개혁

5월 이후 대두된 인종차별 문제에서 또 하나 핵심 사안으로 떠오른 것은 '경찰개혁'이다. 부당한 폭력이 일어날 수 있었던 배경을 경찰의 과도한 공권력으로 보고 이를 제도적으로 고치자는 지적이 나온 것이다.

플로이드의 유가족은 6월 열린 플로이드 장례식에서 "미국 경찰이 흑인을 죽인 것과 경찰의 과도한 무력사용은 국제인권조약을 위반한 일"이라며 미국 내 인종차별 사건을 조사해달라는 연대서한을 유엔UN에 전달했다. 미국시민자유연합ACLU, 국제인권연맹FIDH 등 무려 66개국 656개 인권단체가 동참했다.

민주당은 기자회견을 열고 경찰개혁 법안을 발표했다. 경찰이 저지른 비위행위에 대한 면책특권을 축소하고 피해자가 법적 대응을 청구할 수 있도록 한 내용이 골자다. 경찰을 상대로 바디캠(법 집행기관에서 증거용으로 촬영·수집되는 녹화영상 시스템) 사용을 의

ⓒ리카콜듀뉴욕

2020년 6월 8일(현지시간) 낸시 펠로시 미 하원의장을 비롯한 민주당 소속 의원들이 의사당에서 8분 46초간 무릎을 꿇고 조지 플로이드 사망을 추모했다.

무화하고 목조르기, 린치lynch 등 치명적이고도 폭력적인 대응을 금지하도록 했다.

반면 스스로를 '법과 질서law and order'의 대통령으로 불러온 트럼프 대통령은 초반 "민주당이 경찰 예산을 대폭 삭감하려고 한다"며 정치적 이분법으로 맞섰지만 인종차별 반대를 촉구하는 목소리가 사그라들지 않자 결국 경찰개혁 요구에 답하는 행정명령에 서명했다. 기자회견에 피해자 가족들 대신 경찰과 경찰노조를 대동하고 나타난 트럼프 대통령은 "법 집행관과 공동체를 떨어뜨리는 것이 아닌, 더 가깝게 만들어야 한다"는 입장을 밝혔다. 언론은 행정명령에 담긴 경찰의 목조르기 금지, 물리적 사용 개선 발표에 대해 "이미 실시된 사안들인 데다가 구조적 문제는 짚지 않았다"
며 낮은 점수를 줬다. 11월 대선에서 자신의 지지층인 경찰의 등
을 돌리게 만들 수 없다는 판단이 미온적인 대책을 이끌어냈다고
현지 외신들은 평가했다.

구조적 불평등이 인종차별의 근원

이같이 폭발적으로 터져나온 미국 시위대의 분노 기저에는 임
금, 교육, 부동산, 투자 등 모든 분야에서 인종 간 뿌리깊게 내재된
구조적 불평등이 자리하고 있다.

씨티그룹에서 2020년 9월 발간한 〈인종 간 불평등 해소〉 보고
서에 따르면 백인 가구의 자산은 흑인 가구의 8배에 달했다. 백인
주택 소유 비율(80%)은 흑인 비율(47%)과 비교했을 때 2배에 가까
웠다. 백인 남성의 소득 정점도 6만 6,250달러로 흑인 남성이 달
성 가능한 4만 3,849달러보다 월등히 높은 것으로 나타났다. 미국
중앙은행 통계에 따르면 흑인 가구의 순자산은 백인 가구의 10분
의 1가량에 해당한다. 이에 씨티그룹은 이런 인종 간 불평등이 지
난 20년간 초래한 경제적 손실이 16조 달러(약 1경 8,000조 원)에 육
박한다고 추산했다.

2020년 6월 미국 〈포천〉의 발표에 따르면 미국 500대 기업 중

조지 플로이드 사건 (미네소타주 미니애폴리스)
경찰 체포 뒤 8분간 목 눌러 제압
>>> 플로이드 "숨쉴 수 없다" 호소 후 사망

5월 25일 에이미 쿠퍼 사건 (뉴욕 센트럴 파크)
공원 산책 나온 흑인 남성 "개 목줄 채워라"
>>> 쿠퍼 "날 위협" 경찰 허위 신고

2월 23일 아머드 아버리 사건 (조지아주 브런즈윅)
동네 조깅하던 아버리
>>> 백인 부자 "강도랑 비슷하게 생겨" 뒤쫓아 총살

출처: 매일경제

흑인 CEO는 단 4명에 불과했다. 지난 20여 년을 통틀어도 흑인 CEO는 총 17명밖에 되지 않았다. 2018년 연방 평등고용기회위원회EEOC는 미국 내 흑인 전문직 종사자의 비율이 단 3.3%에 불과하다고 밝혔다.

게다가 흑인, 히스패닉계 등 유색인종은 연초부터 발생한 코로나19 여파로 백인보다 심각한 타격을 입었다. 팬데믹과 경기침체 등 예고 없는 대규모 위기가 발생할 때 저소득·저학력 비율이 높은 미국 내 유색인종은 훨씬 큰 위험에 더욱 쉽게 노출된다.

코로나19 사태로 숨진 흑인의 사망률은 백인 사망률보다 2.4배

높다. 2020년 10월 〈월스트리트저널〉은 투자조사기관 에버코어 ISI에서 실시한 조사를 인용해 "코로나19 충격에 빠진 미국 경제가 '투트랙 회복'(일명 'K형' 회복)을 보이고 있다"고 전했다. 임금·학력·인종·성별에 따라 코로나19 피해 수준이 극명하게 갈린 것이 드러난 셈이다. 조사에 따르면 백인보다는 흑인과 히스패닉계 등 유색인종이, 남성보다는 여성이 더 심각한 타격을 입었다.

바이든 당선자는 이런 문제점을 정책 고민에 적극적으로 반영했다. 그는 7월 말 열린 델라웨어주 유세에서 "미국 내 많은 유색인종이 희생되고 경제적 피해를 입었다"며 이를 "차별과 불평등의 증거"라고 불렀다. 그러면서 자신이 대통령에 당선될 경우 경제정책의 초점을 '인종차별'에 맞추겠다는 뜻을 밝혔다. 유색인종에게 더 나은 일자리 제공이 필요하며 흑인과 백인 간 임금격차가 20년 전보다 크게 벌어진 현실도 지적했다.

그에 따르면 흑인 여성은 19개월을 일해야 백인 남성이 12개월간 일한 것과 동등한 만큼의 돈을 벌 수 있다. 그 외에도 연방준비제도Fed 이사진의 인종 다양성을 높이겠다고 강조하며 "연준이 인종 간 경제 불평등에 집중하도록 할 것"이라는 포부를 밝혔다.

무상 시리즈에 역대급 '큰 정부'

"모두를 위한 정의롭고 지속가능한 경제를 만들기 위해 대담하고 실용적인 계획을 갖고 있다."(2020년 7월 28일 델라웨어주 윌밍턴 유세)

조 바이든은 민주당 경선 때만 해도 도널드 트럼프에 맞설 '중도' 이미지를 부각해왔다. 공약도 부동층을 겨냥해 중도적 정책 마련에 공을 들였다. 그러나 대선에 가까워질수록 그는 진보 의제를 선명하게 부각시켰다. 공약집에는 최저임금 인상, 주거비 지원, 대학 학자금 부채 탕감 등 '진보주의자' 버니 샌더스 민주당 상원의원이 내놓던 정책을 대거 포용했다.

바이든은 의료, 노동, 교육, 주거 등 분야에서 대대적인 국가개입을 예고한 상태다. 이에 소요되는 나랏돈은 천문학적인 규모에 이를 것으로 전망된다. 비영리단체 '책임 있는 연방재정 위원회 CRFB'에 따르면, 바이든의 경우 공약 이행 과정에서 10년간 국가부채가 8조 3,000억 달러 만큼 더 늘어날 수 있다고 추산했다. 통상 공화당은 규제 철폐와 정부의 시장개입 최소화를 내세우며 작은 정부에 서는 반면, 민주당은 개혁과 사회보장 확대 정책을 통해 상대적으로 큰 정부를 지향한다는 평가다. '더 나은 재건Build Back Better'이란 정책 슬로건을 내걸고 정부 역할을 키운 바이든 행정부의 경우 이제껏 없던 '큰 정부'로 역사에 기록될 것이란 관측이 벌써 나온다.

오바마케어보다 더 커질 '바이든케어'

국민 의료보험 체계는 이번 선거의 핵심 이슈 가운데 하나였다. 코로나바이러스 사태로 민간 보험에 크게 의존하는 미국 보건 체계의 허술함이 노출됐다는 비판이 안팎에서 쏟아졌기 때문이다. 바이든이 이 빈틈을 메우겠다며 내놓은 대책의 핵심은 이른바 '오바마케어'로 불리는 전국민의료보험제도Affordable Care Act를 확대 적용하는 것이다.

미국은 선진국 중 드물게 국가 주도의 공공보험을 도입하지 않은 나라다. 미국 통계국에 따르면, 2019년 기준 민간 보험회사 가

2020년 2월 25일 민주당 대선후보 맞수였던 조 바이든과 버니 샌더스 상원의원이
나란히 서서 대화를 나누고 있다.

입자는 전체 인구의 68%를 차지해 공공보험 가입자(34%)의 2배
였다. 전체 인구의 8%인 2,610만 명은 어떤 건강보험에도 가입돼
있지 않은 무보험자다. 무보험자 수는 전년도에 비해 단 1개주에
서만 줄었고, 19개주에서는 늘었다.

　바이든은 우선 건강보험에 가입하지 못하던 저소득층에게 보
조금을 지급하는 '오바마케어'의 수혜 대상과 보조금 규모를 확대
할 방침이다. 오바마케어의 틀을 유지하는 동시에 '공공옵션public
option' 제도를 추가 도입할 예정이다.

　공공옵션은 민간 보험사에서 판매하는 보험보다 저렴하고 폭

넓은 범위를 보장하는 건강보험을 정부가 직접 만들어 경쟁하겠다는 대안이다. 시장원리에 따라 민감보험사의 보험료 인하를 이끌어내겠다는 계산이 깔렸다.

바이든은 정부가 지원하는 공공보험인 '메디케어'와 '메디케이드' 혜택 폭도 키우겠다는 공약도 내놨다. 65세 이상의 고령자, 장애인에게 의료 혜택을 제공하는 '메디케어' 가입 연령을 60세로 낮춰 프로그램의 범위를 넓히고자 한다. 65세 미만 저소득층을 지원하는 '메디케이드'는 지금껏 미국 일부 지역에 한해서 지원됐지만 남부나 중서부를 포함한 모든 주에 확대 실시하겠다고 했다.

이뿐 아니라 연방정부가 설정한 빈곤선FPL의 400% 이하인 경우에만 소득의 최대 9.8%를 보험비로 지출하도록 상한으로 잡고 세액공제를 해주는 기준을 폐지하고, 전 국민의 보험비가 연소득 8.5%를 넘지 않지 않도록 하겠다고 밝혔다. 이런 '바이든케어' 시행에 10년간 약 7,500억 달러가 들 것이라고 바이든 캠프 측이 밝혔다. 2020년 민간 건강보험 시장을 없애고 제공 주체를 정부로 단일화하는 버니 샌더스 상원의원의 '메디케어포올Medicare for All' 정책이 각광을 받았지만 바이든은 지지하지 않고 있다.

최저시급도 2배(7.25달러→15달러)로

바이든은 '친親 노동' 노선을 표방하고 있다. 이를 위해 가장 앞세우는 정책은 연방정부가 정하고 있는 최저시급을 현재 7.25달러에서 15달러로 높이겠다는 계획이다. 현재 주별로 들쭉날쭉한 임금 수준을 하나로 통일시켜 미 전역에 일괄 적용해야 한다는 것이다.

최저시급 인상 시한을 따로 밝히지 않았지만 공화당은 "오히려 일자리가 사라질 수 있다"며 강력히 반발하고 있다. 그러나 바이든은 부통령 시절인 2015년 뉴욕주가 최저시급 15달러를 도입하는 데 일조한 경력을 앞세워 최저시급 인상에 강력한 의지를 내비치고 있다. 그는 공약집에서 "근로자들은 초과근무수당을 받지 못하고, 시간외 근무를 강요당하며, 잡다한 업무를 시키는 방식으로 '임금 절도'를 당한다"고 강하게 고용주를 규탄하기도 했다. 또한 저임금 노동자들이 중산층 임금 수준에 보조를 맞춰 높아질 수 있도록 최저시급을 지수화하는 방안을 도입하겠다고 밝혀 향후 꾸준히 최저시급을 올릴 수 있는 여지를 열어뒀다.

또 노동법을 엄격히 적용할 계획이다. 공약집에는 노조의 단체 행동을 방해하거나 근로계약을 고용주에 유리하게 속이는 등 노동법을 위반하는 기업에 강력한 형사 책임을 묻겠다는 내용도 담겼다. 이런 위반 사례를 적발하기 위해 노동부 인력을 큰 폭으로 늘리겠다고 했다. 우버 기사 등 '긱 이코노미gig economy'에 종사하는 플랫폼 노동자에게 필요한 경제적·법적 보호를 시행하겠다는 계획도 있다.

실업급여 대상과 폭은 크게 늘려 임금 대체율을 높일 계획이다. 첫째로 현재 실업급여 제도를 시행하지 않는 23개주에 이를 도입하는 것을 우선 과제로 삼고, 주정부가 지고 있는 실업급여 지급에 대한 부담을 100% 연방정부에 넘기겠다고 했다. 그는 "실업급여가 아니라 고용급여로 봐야 한다"고 주장한다.

정부 지원금이 근로자에게 흘러 들어가지 않고 배당 등 교묘한 수법으로 최고경영자CEO나 주주의 배를 불리는 것을 막기 위해 대기업 감독을 강화하겠다고 했다. 월스트리트로 대표되는 대형 금융사에 대한 통제를 강화하겠다고도 했다.

저소득층 대학 등록금 면제

교육정책은 교육비 부담 경감과 공교육 강화가 주요 뼈대를 이룬다. 우선 가구 합산 소득이 연 12만 5,000달러 이하일 경우 학생의 대학 등록금을 면제해줄 계획이다. 공립대학이나 사립 흑인대학을 졸업한 뒤 12만 5,000달러에 못 미치는 연소득을 버는 이들의 학자금 대출을 전부 탕감해주겠다고 했다. 또 2년제 커뮤니티

2020년 3월 15일 미국 워싱턴DC의 CNN 스튜디오에서 열린 민주당 대선
경선 토론에서 발언하고 있는 조 바이든

칼리지의 경우 인력 확충 및 시설에 580억 달러를 투자해 교육 수
준을 높이고 이곳을 무료로 다닐 수 있게 한다는 방침이다.

양육비 지원 대책도 대거 내놨다. 보육 부문에선 모든 3~4세
유아가 다닐 수 있는 '보편적 어린이집'을 설립해 무료로 운영하겠
다고 공약했다. 또 자녀 1명당 최대 8,000달러까지 세액공제를 제
공해 자녀양육비 절반을 충당하도록 했다. 유치원부터 고등학교
졸업반(12학년)까지 정규과정에서 벌어지는 교육 격차를 줄이기 위
한 투자를 늘리고, 저소득층 학생이 밀집한 지역에서 근무하는 교
사의 급여를 3배로 올릴 예정이다.

바이든은 2020년 2월 트위터에 "주거공간을 갖는 것은 특권이 아니라 권리"라고 썼다. 이런 인식을 바탕으로 주택 정책에 향후 10년간 6,400억 달러를 투자한다는 계획이다. 이 중 1,000억 원 달러는 저렴한 주택 건설과 보수공사에 쓸 예정이다. 생애 첫 주택 구입자에게 세액공제를 통한 1만 5,000달러의 계약금 지원, 저소득층 임대료 지원 프로그램 등도 도입한다. 이를 통해 미국인들이 소득의 30% 이상을 주거비에 쓰지 않도록 하겠다는 목표를 밝혔다. 퇴출 위기에 놓인 세입자를 법적으로 도와줄 수 있는 법 제정을 통해 세입자 보호에도 적극 나선다는 계획이다.

그는 또 사회보장제도의 문턱을 낮춰 더 많은 사람들에게 혜택이 돌아가도록 제도를 손볼 전망이다. 사회보장 급여를 받을 수 있는 소득기준을 현행 연방 빈곤선FPL의 120%에서 125%로 높여 혜택받는 범위를 넓히고, 저소득 노년층과 장애인에게 지급하는 생활보조금SSI 지급 대상은 FPL의 최소 100%까지 높일 것이다. 또 배우자를 잃은 사람에게 매달 지급하는 유족 급여 수준을 약 20% 높일 예정이다.

워싱턴DC, 51번째주로 승격 추진

"당연히 주州가 되어야 합니다You should be a State."

2015년 1월 16일 워싱턴DC 남동쪽 아나코스티아 강 웨스트뱅크. 당시 부통령 재직 중이던 조 바이든 당선자는 의회에 인프라 투자를 촉구하기 위한 기자회견에서 워싱턴DC의 주 승격에 대한 지지를 표시했다. 바이든은 "이건 정부 성명이 아니라 조 바이든으로서 발언을 하는 것"이라고 했다. 워싱턴DC의 지위를 미국 51번째 주로 만들어야 한다는 주장이 오바마 행정부에서 추진되지 않더라도 개인적으로 찬성한다는 소신을 밝힌 것이다. 1980년대부터 심심찮게 제기됐지만 번번이 좌절됐던 워싱턴DC 주 승격이 바이든의 당선으로 성사될지 이목이 쏠린다.

'연방직할지' 워싱턴DC의 불만

미국 수도 워싱턴DC는 어느 주州에도 속해 있지 않은 특별행정구역이다. 연방정부와 연방의회가 직접 관할하기 때문에 주민들이 자치권을 행사하기 어렵다. 상·하원 의원을 선출할 수 있는 투표권도 자체 입법권도 없다. 시의회가 예산을 짜도 연방의회의 승인을 받아야 한다.

1973년이 되어서야 어렵사리 '하원 파견대표' 1명을 갖게 됐다. 파견대표는 법안을 발의할 권한은 있지만 본회의 표결권은 없다. 상원의원은 아예 없기 때문에 연방대법관·대사 인준에 일절 관여할 수 없는 상태다. 대통령 선거에 필요한 선거인단(전체 538명)은 워싱턴DC에 3명 배정되어 있다. 선거인단 수가 가장 많은 캘리포니아주(55명)에 비해 너무 적고 미국 50개 주와 비교해도 최소에 속한다. 워싱턴DC는 백악관·국회의사당·연방대법원 3부 청사와 각국 대사관, 국제기구가 밀집한 '세계 정치의 심장'이지만, 정작 미국 내 정치 영향력은 미미한 것이다.

70만의 워싱턴DC 주민들은 "자치권이 짓밟히고 있다"며 불만을 터뜨린다. 버몬트주나 와이오밍주보다 인구가 많고 다른 22개 주보다 더 많은 연방세를 납부하고 있지만 주정부가 없어 정치적 목소리가 묵살되고 있다는 것이다. 미국 영토지만 주에 속하지 않는 괌은 연방세를 내지 않는다.

워싱턴DC에 위치한 연방의회 의사당의 전경

　　워싱턴DC 주민들은 항의하는 뜻에서 자동차 번호판 하단에 "우린 대표자 없이 세금만 낸다TAXATION WITHOUT REPRESENTATION"는 문구를 새긴다. 1700년대 후반 영국 식민통치에 저항했던 미국 독립전쟁 때 슬로건을 다시 꺼내들어, 연방정부에서 독립된 주 정부를 꾸리겠다는 의지를 드러내고 있다. 워싱턴DC 도로 곳곳에 휘날리는 성조기 좌측 상단에는 흰색 바탕의 별이 51개 박혀 있다. 미국 50개주에 더해 워싱턴DC까지 하나의 주로 인정하라는 메시지다. 2016년 주 승격에 동의하는지 묻는 워싱턴DC 시 주민 투표에서 전체 79%의 지지를 얻을 정도로 주민들의 열망이 뜨겁다.

워싱턴DC 자동차에 부착된 번호판으로
하단에 대표자 없이 세금만 낸다는 메시
지가 적혀 있다.

민주당 텃밭 부담에 공화당은 승격 '반대'

워싱턴DC 하원의원인 엘리노어 홈즈 노튼은 1991년 이후 꾸
준히 주 승격 운동을 펼쳐왔지만 그 노력은 매번 수포로 돌아갔
다. 상원의원 2명과 하원의원 1명을 배정해 연방의회 표결에 참여
할 권리를 얻어야 한다고 줄곧 요구해왔지만 의회의 문턱을 넘지
못한 것이다. 1993년의 경우 민주당이 다수당이었는데도 반대가
많아 부결됐는데 "의회는 연방정부의 이해관계를 보호할 의무도
있다"는 내부 반론에 부딪혔다.

가장 큰 걸림돌은 공화당의 반대였다. 흑인 인구가 거의 절반
인 워싱턴DC는 민주당 텃밭으로 꼽힌다. 2016년 민주당 대선주
자 힐러리 클린턴에게 표를 던진 주민은 전체 93%에 육박했다.
상·하원에 민주당 의석이 늘어나는 상황이 못마땅한 공화당은
워싱턴DC 주 승격을 필사적으로 저지하려 한다. 주 승격이 이뤄
진 가장 최근 사례는 1959년 알래스카와 하와이다. 양당이 합의할

수 있었던 건 49번째 주 알래스카는 민주당, 50번째 주 하와이는 공화당 지지세가 강해 정치적 이해가 균형에 맞았기 때문이란 분석이다.

이와 관련해 2020년 6월 민주당 우위인 미 하원은 워싱턴DC를 주로 승격하는 법안을 표결에 부쳐 찬성 232 대 반대 180으로 통과시켰다. 1980년부터 심심찮게 제기된 워싱턴DC 주 승격 논의는 그동안 번번이 좌절됐지만, 우여곡절 끝에 하원 통과라는 결실을 처음 맺게 된 것이다. 이 표결이 이뤄진 날 바이든은 트위터에 "워싱턴DC는 주가 돼야 한다. (법안을) 통과시켜라"라고 썼다.

바이든 시대에서 DC의 운명은?

워싱턴DC 주 승격을 위한 법적 절차가 급물살을 탄 건 '조지 플로이드 사태' 영향이 크다. 2020년 5월 25일 흑인 플로이드는 미니애폴리스에서 백인 경찰의 무릎에 목을 눌려 숨졌다. "숨 쉴 수 없다"는 호소에도 아랑곳 않고 경찰이 과잉 진압을 강행했다는 사실이 알려지자 흑인사회뿐 아니라 미 전역에 분노가 번졌다.

인종차별 철폐를 요구하는 시위는 경찰과 대치하는 과정에서 폭력과 방화, 약탈 사태로 번졌다. '법과 질서'를 앞세운 트럼프는 강경 진압을 지시했고, 백악관 코앞까지 시위대가 근접하자 이를 저지

2020년 6월 16일 워싱턴DC 연방의회 의사당에서 열린 '워싱턴 주 승격' 기자회견에서 뮤리엘 바우저 워싱턴DC 시장(오른쪽)이 스네이 호이어 하원의원에게 흰색 별 51개가 박힌 성조기를 선물하고 있다.

하려 트럼프는 다른 주에서 온 방위군을 투입시켰다. 이것도 모자라 연방군 동원까지 거론하며 초강경 대응 방침을 밝히기도 했다.

워싱턴DC 주민들은 폭발했다. 애초 트럼프 행정부에서 벌어진 인종차별에 분노하고 있는데 워싱턴DC에 다른 곳 소속 치안요원들이 마구 들어왔기 때문이다. 각 주는 비상사태 때 연방군과 별도로 구성된 주방위군을 동원할 수 있다.

주지사가 없는 워싱턴DC는 연방정부의 개입에 휘둘릴 수밖에 없다. 민주당 소속 뮤리엘 바우저 워싱턴DC 시장은 "워싱턴DC가 주가 돼야 하는 이유가 드러났다"며 거세게 반발했다.

이런 상황을 틈타 민주당은 신속하게 법안을 발의했다. 표결에 앞서 민주당 소속 낸시 펠로시 하원의장은 "워싱턴DC 주민들은 2세기 넘게 민주주의에 완전히 참여할 기회를 박탈당해왔다"며 동의를 촉구했고, 민주당이 다수인 하원에서 통과됐다. 그러나 트럼프 행정부에서 법안이 최종 통과될 가능성은 거의 없다. 하원을 통과한 법안은 상원 의결과 대통령 법안 서명을 거쳐 법률로 확정된다.

당시 상원 100석 중 공화당이 과반(53석)을 차지하고 있었기 때문이다. 실제 미치 매코널 공화당 상원 원내대표는 이미 법안을 본회의 표결에 부치지 않겠다고 공언했고, 트럼프 대통령도 "워싱턴DC가 주가 되는 일은 없을 것"이라고 단언했다. 실현 여부는 불투명하지만 민주당은 "하원 문턱을 넘은 것만으로도 여론몰이에는 성공했다"며 반겼다.

부통령인 카멀라 해리스는 2019년 11월 "난 분명히 알고 있다. 대표자를 갖지 못한 불공평한 과세가 이뤄지고 있다. 나는 이들과 함께 한다"며 워싱턴 주 승격에 동의하는 의원 행렬에 동참했다.

바이든이 백악관에 입성하면서 워싱턴DC의 주 승격에 관한 논의가 급물살을 탈 전망이다. 실제 바이든 행정부 기간 동안 주 승격이 완료되어 상원의원 2석과 하원의원 1석이 추가되면 향후 미국 정치 지형은 민주당에 유리한 쪽으로 변화하게 된다.

4

바이든과 그의 사람들

BIDEN
NOMICS

'에버리지 조'의 승리 요인

트럼프 시대가 막을 내리고 바이든 시대가 시작되기까지 과정은 순탄치 않았다. 2020년 미국 대선은 과거 어느 선거보다 치열하게 치러진 선거였다. 선거 전 실시된 각종 여론조사에서 바이든은 트럼프를 줄곧 앞서나갔지만 4년 전 역전패의 기억을 갖고 있는 민주당 진영은 승리를 자신하지 못했다. 트럼트도 막판까지 "바이든을 감옥으로"라는 구호까지 외치며 대역전극을 노렸다. 하지만 결국 바이든은 승리했다. 4년 전 클린턴의 패배와 달리 이번에는 바이든이 승리할 수 있었던 4가지 포인트를 짚어봤다.

4년 전과 달리 하나된 좌파, 중도 진영

2020년 미국 민주당 대선후보를 선출하기 위해 열린 전당대회에서 민주당이 가장 공을 들인 부분은 바로 통합이었다. 2016년 대선 패배의 원인 중 하나가 민주당 지지층의 분열이었다는 인식 때문이다.

4년 전 민주당 대통령 후보 경선에 뛰어들어 돌풍을 일으켰던 버니 샌더스 의원은 예상을 뛰어넘는 파괴력을 보여줬지만 결국 힐러리 클린턴 후보에게 패배했다. 문제는 그 이후였다. 진보 진영을 대표하는 샌더스 의원과 중도 성향인 클린턴 후보가 계속 불협화음을 노출하며 민주당 지지자들을 하나로 모으는 데 실패했다. 전당대회 당시 샌더스 의원이 클린턴 후보 지지 연설을 하자 샌더스 지지자들이 강력히 반발하기도 했다. 양측의 화학적 결합 실패는 결국 클린턴의 패배로 이어졌다.

바이든은 4년 전과 같은 과오를 되풀이하지 않기 위해 샌더스 의원의 중도하차 직후부터 샌더스와 진보 지지층을 끌어안기 위해 다양한 노력을 기울였다. 샌더스 의원 측과 공동 태스크포스(TF)를 만들어 진보 색채가 강한 샌더스표 공약을 상당수 수용하기도 했다.

이런 노력은 민주당 전당대회에서 결실을 맺었다. 전당대회 첫날 연설자로 나선 샌더스 의원은 "우리가 직면한 전례 없는 일련

2020년 3월 15일(현지 시간) 워싱턴DC 소재 CNN스튜디오에서 열린 미국 민주당 대선후보 경선 TV 토론에서 조 바이든 전 부통령과 버니 샌더스 상원의원이 팔꿈치를 맞대며 인사를 하고 있다.

의 위기에 맞서 우리는 전례 없는 대응을 해야 한다"며 한때 라이벌이었던 바이든에 대한 화끈한 지지를 호소했다. 그러면서 "우리는 힘을 합쳐 도널드 트럼프를 물리치고 조 바이든과 카멀라 해리스를 우리의 차기 대통령과 부통령으로 선출해야 한다"고 강조했다. 그는 또 "나의 친구들여, 실패의 대가가 너무나 커서 상상할 수 없다"라고도 했다.

이처럼 바이든과 샌더스가 의기투합하면서 민주당 내 중도세력과 진보세력이 단합된 모습으로 선거에 임할 수 있었다. 특히 바이든의 중도 이미지는 트럼프 진영의 '급진 좌파' 공세를 막는 효과도 있었다는 게 전문가들의 분석이다.

트럼프의 코로나19 대응에 실망한 노년층

미국 유권자 중 65세 이상 고령층 비율은 25%에 달한다. 젊은 층에 비해 상대적으로 보수 색채가 강한 고령 유권자들은 과거 트럼프에 우호적인 세력으로 분류됐다. 하지만 이번 대선에서는 트럼프를 지지하던 노인들이 바이든으로 돌아섰다.

CNN방송이 여론조사기관 SSRS와 함께 대선 한 달 전 미국 성인 1,205명을 대상으로 설문조사를 실시한 결과, 65세 이상 유권자 사이에서 바이든은 60%의 지지를 받아 트럼프를 21%포인트 차로 앞섰다. 1년 전 CNN 조사에선 11%포인트 차이를 보였는데 격차가 더욱 벌어진 것이다. 트럼프 대통령은 4년 전 이 유권자층에서 당시 민주당 대선 후보였던 힐러리 클린턴 전 국무장관을 상대로 7%포인트 차로 앞섰었다. 이번 대선에서 노인들의 표심이 트럼프를 등진 것이다.

바이든과 트럼프는 치열한 승부가 예상되는 경합주에서 고령층이 핵심변수라고 보고 치열한 득표전을 벌였다. 트럼프는 과거 자신의 고령층 지지자들을 뺏기지 않기 위해, 바이든은 2016년 대선에서 트럼프 쪽에 기울었던 노인 표심을 되돌리기 위해 총력전을 펼친 것이다. 특히 바이든과 트럼프 모두 역대급 최고령 후보였다. 바이든은 77세, 트럼프는 74세다. 노인층과 가장 잘 교감할 수 있는 세대인 것이다.

대선 과정에서 바이든을 조롱하는
이미지를 올린 트럼프

© 도널드 트럼프 트위터

두 인사는 코로나19로 불안한 노인층의 심리를 파고들었다. 트
럼프는 코로나19 백신을 노인들에게 무료로 가장 먼저 배포하겠
다고 했다. 과거 든든한 지지층이었던 고령 유권자들이 트럼프에
게서 돌아선 가장 큰 이유가 트럼프 행정부의 코로나19 대응 실패
라는 분석이 나오고 있는 만큼 노인들을 안심시키기 위한 공약이
었다. 트럼프는 또 TV광고를 통해 바이든이 수용한 '오바마케어'
가 개인보험을 위협할 수 있다고 공격하기도 했다.

바이든은 트럼프 후보가 노인들을 외면하고 있다고 주장했다.
바이든은 최대 격전지 중 한 곳인 플로리다주 노인센터를 방문한 자리에서 "여러분은 소모품이고 잊힌 존재다. 그것이 그(트럼프)가 노인들을 보는 시각"이라고 트럼프를 공격했다. 그는 "트럼프가 신경 쓰는 노인은 단 한 명 노인 도널드 트럼프뿐"이라고 목소리를 높이기도 했다.

두 후보의 연령대가 높은 만큼 상대 후보의 건강 상태를 깎아내리는 네거티브 선거전이 펼쳐지기도 했다. 트럼프 대통령이 자기보다 3살이 많은 바이든이 치매에 걸렸다는 의혹을 제기한 것이 대표적인 예다. 또 트럼프는 선거 운동 기간 트위터에 휠체어에 앉은 노인의 몸에 바이든 후보의 얼굴을 합성한 사진을 올리면서 "바이든을 대통령으로Biden for President"라는 문구의 일부를 바꿔 "바이든을 양로원으로Biden for resident"라고 비꼬는 게시물을 함께 게재하기도 했다.

공화당 우세 교외 지역 표심의 반란

표심이 상대적으로 유동적인 교외 지역도 이번에는 과거보다 민주당 후보인 바이든에 우호적이었다는 평가가 나온다. 미국 선거전문가들은 지역별 유권자 표심을 크게 3가지로 구분한다. 도시와 도시 인근 지역인 교외, 그리고 시골이다. 도시는 상대적으로 진보 색채가 강하다. 도시가 전통적으로 민주당 강세 지역으로 분류되는 이유다. 반면 시골은 보수 성향의 공화당 지지세가 우세한 곳으로 평가된다.

이처럼 도시와 시골은 정치적 성향이 비교적 뚜렷하지만 도시와 시골의 중간 지대인 교외의 표심은 쉽사리 예측하기 힘들다. 교외에는 주로 도시에 있는 직장을 다니는 대졸, 중산층 이상 백인이 많이 모여 살기 때문에 공화당이 약간 우위에 서있다는 평가가 많았다. 실제 지난 2014년 미국 중간선거 당시 공화당은 교외 유권자에게서 12%포인트 차로 민주당을 앞섰다.

하지만 시간이 흐르면서 격차가 계속 줄어들었다. 2016년 대선 당시 트럼프 대통령은 교외 지역에서 4%포인트 차로 민주당 후보를 앞섰지만 이번 대선에서는 교외 표심이 과거보다 더 바이든에게 우호적이었다.

외신들은 가장 큰 원인으로 '여성 표심의 변화'를 꼽았다. AP통신은 교외 지역에서 민주당에 대한 지지도가 크게 늘어난 것은 트럼프 대통령의 보건과 교육, 총기규제에 대한 비타협적 보수 정책에 대해 교외 지역 여성들이 불안감을 느꼈기 때문이라고 분석했다. 블룸버그 통신도 교외 유권자 중 대학을 졸업한 여성들이 트럼프 대통령의 거친 언행과 정책에 반감을 가지고 있다고 봤다.

실제 워싱턴포스트와 ABC방송이 지난 2019년 실시한 트럼프 대 바이든 양자대결 대선 여론조사에서 교외 지역 여성은 63%(바이든) 대 35%(트럼프)로 바이든 지지가 훨씬 많았다. 이는 트럼프 지지도가 더 높은 교외 남성들과 대조적인 결과였다. 외신들은 트럼프 대통령이 대선을 앞두고 각종 폭력시위에 미온적으로 대처하는 바이든을 향해 "바이든의 미국은 안전하지 않다"고 주장하며 안전을 중시하는 교외 유권자들을 공략했지만 큰 효과를 거두지 못했다고 평가했다.

최대 승부처 '러스트벨트'에서 선방

지난 2016년 미국 대선에서 트럼프 당선이라는 이변을 만든 주인공 중 하나는 '러스트벨트(쇠락한 미국 북동부 공업지대)'다. 트럼프 대통령은 4년 전 경합지역이었던 펜실베이니아, 미시간, 위스콘신 등 러스트벨트에서 간발의 차이로 승리하면서 대역전극을 만들어 냈다.

미국 러스트벨트는 과거 제조업 호황기에 경제적 번영을 누렸지만 이후 경제구조의 변화로 인해 미국 내 제조업이 쇠퇴하면서 경제적으로 우울한 시절을 보냈다. 이런 상황에서 미국 내 제조업을 다시 부활시켜 일자리를 늘리겠다는 트럼프의 선거공약에 러스트벨트 지역 유권자들은 환호를 보냈다.

지난 2016년 대선을 앞두고 실시된 러스트벨트 지역 여론조사에서는 클린턴 후보가 앞섰다. 선거 분석 매체인 파이브서티에이

지역	2016년 대선 결과	2020년 대선 D-20 여론조사
위스콘신	트럼프 승 (+0.7%)	바이든 승 (+7.9%)
펜실베이니아	트럼프 승 (+0.7%)	바이든 승 (+7.2%)
미시간	트럼프 승 (+0.3%)	바이든 승 (+8.0%)

출처 : 파이브서티에이트

트에 따르면 2016년 대선 20일 전 미시간, 펜실베이니아, 위스콘신에서 클린턴 후보는 트럼프 후보를 각각 9.1%포인트, 7.5%포인트, 8.4%포인트 차이로 따돌렸다. 하지만 선거날 뚜껑을 열어보니 결과가 바뀌었다. 트럼프 후보가 3지역에서 모두 1%포인트 이내의 차이로 신승을 거둔 것이다.

2020년 대선은 4년 전과는 분위기가 달랐다. 일단 대선을 코앞에 두고 실시된 러스트벨트 지역 여론조사에서 바이든 후보는 4년 전 클린턴 후보처럼 트럼프를 앞섰다. 하지만 바이든 진영은 안심하지 않았다. 4년 전 악몽이 다시 재연될 수 있다는 우려 때문이었다.

결국 바이든은 4년 전처럼 일방적으로 러스트벨트를 트럼프에 헌납하지 않았다. 전문가들은 바이든이 과거 클린턴처럼 비호감도가 높지 않다는 점을 그 이유 중 하나로 꼽았다. 바이든은 클린턴과 같은 엘리트 이미지와 달리 이웃 아저씨 같은 친근한 이미지를 구축했다. 이는 트럼프에 반감을 가지고 있는 중도층을 흡수하는 데 큰 도움이 됐다.

이른바 '샤이 트럼프'의 비율도 유례없는 사전투표 열기로 인해 4년 전보다 줄었다는 분석도 나온다. 지난 4년간 트럼트 대통령의 국가통치 스타일을 직접 지켜본 국민들 입장에서 트럼프에 대한 보다 명확한 입장 표명이 가능해졌기 때문이다.

스크랜튼에서 백악관까지

"기차 안 모두가 그에게 특별한 존재였습니다. 평범한 사람도 그에게는 중요합니다."

바이든의 출근길을 30년 넘게 지켜본 암트랙Amtrak 기관사 그레 그 위버는 바이든에 대해 이같이 회상했다. 펜실베이니아에서 태어나 평범한 중산층 가정에서 자란 바이든은 부친의 재산을 물려받은 '금수저' 트럼프와 대비된다.

2020년 세 번의 도전 끝에 제46대 대통령에 당선된 그는 '공감과 소통 능력을 지닌 리더'라는 평가를 받는다. 화려한 정치 이력과 풍부한 국정 경험도 강점으로 꼽힌다. 변호사 출신인 바이든은 미국 역사상 다섯 번째로 젊은 나이에 상원의원 자리에 올라 36년을 지냈다. 버락 오바마 행정부에서는 8년간 부통령을 맡았다. 그리고 마침내 2021년 78세로 미 역사상 최고령 대통령으로 취임한다.

말더듬이에서 달변가로

바이든은 1942년 펜실베이니아주 스크랜튼의 아일랜드계 가톨릭 집안에서 태어났다. 아버지는 원래 부유한 집안 출신이었지만 바이든이 태어나면서 가세가 기울었다. 그의 가족은 바이든이 10살 때 델라웨어주로 이주했고, 아버지는 자동차 영업을 시작했다.

이후 바이든은 가톨릭계 사립학교인 아키메어 아카데미Archmere Academy에 진학했다. 미식축구를 즐기고 인종차별 반대 집회에 참여하는 등 활발한 성격이었지만, 사실 그는 학창시절 내내 '말더듬증'으로 고생했다. 친구들은 그런 그에게 문장기호 중 하나인 "대시Dash"라고 부르며 조롱했다. 또한 그가 자신의 성을 말할 때마다 말을 더듬어서 "Bye-Bye(바이-바이)"라는 별명이 생기기도 했다. 한 번은 선생님조차 친구들 앞에서 그를 "바-바-바-바-바-이든"이라고 불렀다. 말더듬증이 심해서 고등학교 1학년 때는 발표에서 면제되기도 했다.

바이든은 자신처럼 말더듬증이 심했던 삼촌을 보고 언어장애를 고쳐야겠다고 마음먹었다. 삼촌은 집안에서 유일하게 대학을 나왔는데 말더듬증이 심해 성공하지 못했다고 생각했기 때문이다. 바이든은 말더듬증을 고치기 위해 매일 밤 책 문단을 통째로 암기하고 거울 앞에서 큰 소리로 낭송했다. 또한 입에 자갈을 한 주먹 밀어 넣고 소리를 지르기도 했다. 그 결과 바이든은 고등학교 2학년이 되자 친구들 앞에서 유창하게 연설할 수 있게 됐으며 3학년 때까지 2년 연속 학급 반장을 맡았다.

10살 때의 조 바이든

이후 바이든은 자신의 자서전에서 "말더듬증이라는 장애물은 결국 신이 내게 주신 선물이었다. 그 장애를 짊어짐으로써 나는 더욱 강해졌다"고 말했다. 하지만 아직도 종종 말을 더듬을 때가 있어서 그의 최대 약점으로 꼽힌다.

케네디를 보며 정치의 꿈을 키우다

1960년 존 F. 케네디의 대통령 당선은 열여덟 살 바이든의 마음을 흔들었다. 그는 케네디 대통령을 보고 정치인의 꿈을 키우기 시작했다. 케네디는 바이든과 마찬가지로 가톨릭 신자에 아일랜드계 혈통이었다. 정치에 흥미가 생긴 바이든은 유명 정치인들의

델라웨어대학교 재학 시절의 조 바이든

전기를 찾아보며 그들의 성장 과정을 눈여겨봤다. 바이든은 당시를 회고하며 이렇게 말했다.

"나의 청소년기와 대학 시절에는 마틴 루터 킹 주니어, 존 F. 케네디, 로버트 케네디 같은 인물이 나라를 바꾸고 있었다. 나는 그들의 웅변과 신념 그리고 불가능한 꿈의 크기에 압도당했다."

바이든은 연설에서도 케네디를 언급하거나 자주 인용했다. 그는 정치인이 되겠다는 목표가 뚜렷했기 때문에 델라웨어대학교에서 역사학과 정치학을 전공했다.

1963년 대학교 3학년 때 바이든은 네일리아 헌터를 만나 3년 뒤 결혼했다. 네일리아의 어머니는 바이든을 처음 만난 날 그에게 생계를 위해 무슨 일을 할 계획인지 물었다. 바이든은 당당하게 대통령이 되겠다고 답했다. 확고한 신념을 가진 그는 아내에게 강아지를 선물하며 '상원의원'이란 이름을 지어줬다.

대학 졸업 후 시러큐스대학 로스쿨을 진학했지만, 성적이 우수한 편은 아니었다. 델라웨어대학교에서는 688명 중 506등으로 졸업했고, 시러큐스대학 로스쿨에서는 85명 중 76등으로 졸업했다. 특히 로스쿨 1학년 때는 논문을 베껴 제출해서 F학점을 받기도 했다. 이 사건은 향후 바이든의 첫 대선 출마에서 그의 발목을 잡았다.

매일 402킬로미터를 통근하며 시민의 삶을 살핀 '암트랙 조'

1969년 변호사가 된 바이든은 로펌에서 일하기 위해 델라웨어주로 돌아왔다. 한때는 국선 변호사로 활동했다. 민주당 정회원이었던 그는 1970년에 군의회 의원으로 선출되면서 정치계에 입문했다.

민주당은 1972년 29세 바이든에게 상원의원 선거 출마를 제안했다. 바이든은 당시 리처드 닉슨 대통령의 지원을 받던 현역 공화당 의원 J. 갈렙 보그스와 경쟁해야 했다. 모두가 바이든의 당선 가능성이 희박하다고 평가했다. 그러나 바이든은 보그스를 단 1% 차로 꺾으며 미국 역사상 다섯 번째로 젊은 나이에 상원의원으로 당선됐다.

이러한 기쁨도 잠시 바이든의 가족은 교통사고를 당한다. 사고

상원의원에 당선된 조 바이든

로 바이든은 아내와 갓난아기인 딸을 잃었다. 그는 혼자 남은 두 아들을 돌보며 상원의원직을 시작했다.

바이든은 아이들을 돌보기 위해 매일 델라웨어 집에서 워싱턴으로 통근했다. 열차로 왕복 3시간 거리였다. 그는 부통령에 당선된 2009년까지 통근 수단으로 국영철도회사 기차인 암트랙을 이용했다. 암트랙 탑승 횟수만 1만 4,000번이다 보니 '암트랙 조'라는 별명까지 얻었다. 자연스럽게 승무원을 비롯한 암트랙 직원들과 친구가 됐다. 그는 직원들이 하는 일을 종종 도왔고, 이들을 집으로 초대해 바비큐 파티를 열곤 했다.

바이든과 수십 년간 친분을 쌓아온 암트랙 기관사 그레그 위버는 2020년 8월 민주당 전당대회 영상에 등장했다. 위버는 바이든

아버지 조셉 바이든과 함께

이 부통령에 오른 후에도 인연이 계속됐다고 말했다. 그는 자신이 심장발작으로 쓰러지자 바이든이 직접 안부 전화를 한 일화를 소개하며 "부통령이 내게 전화했다는 사실을 주변 아무도 믿지 않았다"고 전했다.

서민 이미지를 강조해온 바이든에게 암트랙은 그의 정체성이나 다름없다. 바이든은 1987년 처음으로 대선 후보 경선에 도전할 때도 암트랙 열차에서 첫 유세를 시작했다. 2020년 트럼프와 첫 토론회 다음날에도 암트랙 열차 안에서 오하이오와 펜실베이니아 유권자를 만났다.

바이든은 2009년까지 6선에 성공해 36년간 델라웨어주 상원의원으로 일했다. 그는 주로 외교위원회와 법사위원회에서 활동하며 외교·국방·법률 분야의 전문가로 불렸다. 특히 외교위원장을 두 차례에 걸쳐 4년간 역임했다. 그는 미-러 전략무기 감축 협상, 발칸반도 평화 수립 추진, 구소련 국가 포함 NATO 확장, 1차 걸프전 반대 등에 목소리를 냈다.

1990년 바이든이 발의한 여성폭력방지법은 그가 상원의원 경력에서 가장 자랑스러워하는 법안 중 하나다. 여성폭력방지법은 발의 4년 뒤 빌 클린턴 대통령의 서명으로 제정됐다. 미국 법무부에 따르면 2010년 가정폭력 발생 건수는 1993년 대비 64% 줄었다.

두 차례의 대선 실패 뒤 부통령으로 새로운 가능성을 찾다

대통령 당선 전 바이든은 두 번의 대선 도전에서 미끄러졌다. 1987년 바이든은 미 대선을 앞두고 민주당 경선에 출마했는데, 영국 야당인 노동당 대표 닐 키녹의 연설을 표절한 것이 드러나 사퇴했다.

그해 3월 키녹은 한 연설에서 "왜 내가 대학에 들어갈 수 있었던 첫 키녹이 됐는가? 왜 내 아내는 1,000세대 만에 처음으로 대학에 갈 수 있는 여자인가? 노래를 부르고 연극하고 시를 쓰고 암송

오바마의 러닝메이트가 된 바이든

했던 조상들이 무식해서? 8시간 광산에서 꼬박 일하고 나와 축구나 해서?"라고 했는데, 바이든은 이를 그대로 베껴 말했다. 심지어 바이든은 가족 중 처음으로 대학을 간 사람이 아니었고, 조상 중에 광부도 없었다.

방송사는 두 사람의 연설을 비교해가며 바이든을 조롱했고, 그에게 '표절자'라는 꼬리표가 붙었다. 또한 로스쿨 재학 당시 논문 표절로 징계를 받았던 사실도 도마 위에 오르면서 바이든의 대선 출마는 물거품이 됐다. 바이든은 표절을 인정하면서 "연설에서 마치 키녹처럼"이라는 말만 덧붙였어도 인생이 달라졌을 것이라고 회상했다.

2007년에는 대선 당내 후보경선 1차인 아이오와 당원대회에서 5위에 오르자 일찌감치 경선을 포기했다. 바이든의 지지율은 0.9%에 그쳤다. 그는 '36년간 상원의원'이라는 엄청난 경력에도 불구하고 버락 오바마와 힐러리 클린턴에 밀려 빛을 보지 못했다.

그러나 몇 개월 뒤 민주당 대선 후보로 지명된 오바마는 바이든을 자신의 러닝메이트로 선택했다. 가난한 이들과 약자를 대변하는 바이든의 이미지를 통해 오하이오와 펜실베이니아 등에서 블루칼라 유권자의 마음을 사로잡을 수 있겠다는 판단이 들었기 때문이다. 또한 오바마가 취약한 외교·국방 분야에서 바이든이 실력을 발휘할 수 있을 것이란 기대도 컸다. 오바마는 바이든에 대해 "그는 중산층에 굳건히 뿌리를 둔 외교 정책 전문가"라고 소개했다.

바이든, 2020년 미국 최고령 대통령이 되다

오바마 행정부에 부통령으로 취임한 바이든은 외교 분야에서 활약했다. 특히 이라크와 아프가니스탄 관련 연방 정책을 수립하는 데 적극적으로 나섰다. 2010년에는 미국과 러시아 간 전략 무기 감축 조약을 통과시키기 위해 상원의원들과 직접 소통했다.

오바마 집권이 끝난 후 2016년 바이든에게 다시 한 번 대선 출

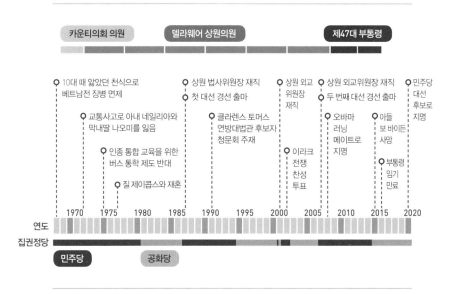

출처: 이코노미스트

마의 기회가 왔다. 그러나 당시 바이든은 장남 보 바이든이 사망한 슬픔에 빠져 경선을 포기했다.

2019년 그는 마지막 대선 출마 선언을 한다. 출마 선언과 동시에 바이든은 유력 대권 후보로 꼽혔는데, 막상 경선이 시작되자 백인 유권자 중심인 아이오와주 뉴햄프셔 경선에서 4, 5위로 추락하며 위기에 몰렸다.

그러나 그는 2020년 2월 사우스캐롤라이나 경선에서 50%가 넘는 압도적인 득표율로 1위를 차지하며 부활했다. 바이든은 흑인들의 지지를 바탕으로 남부를 평정했고 동부와 중부에서도 우위에 섰다. 마침내 그해 4월 바이든은 3수 끝에 대권 후보에 이름을 올렸다. 2020년 트럼프의 재선을 저지하며 바이든은 미국 역사상 가장 많은 나이로 백악관의 새 주인이 됐다.

"아버지, 약속해주세요"

조 바이든의 가족사는 미국 정계에서 전례를 찾기 어려울 정도로 비극으로 가득 차 있다. 교통사고와 병마로 아내, 딸, 아들을 줄줄이 잃은 과거는 그의 정치적 야심을 꺾을 정도로 큰 고통을 주었다. 그러나 이번 대선에서는 전화위복이 됐다. '출셋길만 밟은 엘리트'가 아니라 절망을 겪어본 그의 삶이 '타인의 고통에 귀 기울이는 리더'라는 긍정적인 이미지로 연결되며 민심을 사로잡았다.

반면 온갖 특혜 의혹과 추문을 몰고 다닌 그의 둘째 아들은 대선 가도에 번번이 훼방을 놓는 걸림돌이 됐다. 그럼에도 바이든의 가슴속에 새겨진 숱한 상처와 절망을 이겨낸 감동적인 스토리는 이 책 전체를 채우고도 남는다.

두 번째 부인 질 바이든 사이에서 낳은 애슐리 등 조 바이든 자녀들 모습

크리스마스를 앞두고 일어난 비극

1972년 11월 7일 바이든은 델라웨어주 상원의원에 당선됐다. 연방 상원의원에 출마할 수 있는 최소 연령인 30세가 되던 바로 그해, 현직 거물 의원을 누르는 이변을 연출하며 이룬 쾌거였다. 그러나 기쁨은 오래가지 않았다.

12월 18일 동갑내기 부인인 네일리아와 13개월 된 막내딸 나오미를 교통사고로 잃었다. 이 사고로 두 아들 보 바이든과 헌터 바이든은 크게 다쳤다. 크리스마스를 일주일 앞두고 아내와 세 자녀가 트리를 사러 가던 길이었다. 당시 바이든은 업무 차 워싱턴 DC에 있었다. 바이든은 이 사건을 회상하며 "다리에서 뛰어내리고 싶었다"고 말했다.

가족을 잃고 충격에 빠진 바이든은 상원의원 취임선서식 참석을 거부했다. 그는 자서전에서 "모든 것에서 벗어나고 싶었다. 아무도 없는 곳에서 새롭게 출발하려 버몬트에 집을 알아봤다"며 당시 심정을 털어놓았다. 중상을 입고 입원한 두 아들을 돌보겠다며 버티다 동료들의 설

1973년 바이든이 첫째 아들 보의 병상 옆에서 상원의원 취임선서를 하고 있다.

득에 바이든은 결국 병상에서 취임선서를 했다.

바이든은 남은 가족을 보살피기 위해 장거리 통근 생활을 시작했다. 지역구인 델라웨어주 윌밍턴에서 워싱턴의 국회의사당까지 왕복 402킬로미터를 매일 열차로 통근했다. 왕복 3시간이 넘는 길이었다. 통근은 두 번째 부인 질 바이든과 1977년 결혼한 뒤에도 멈추지 않고, 2009년 부통령으로 당선된 후에 워싱턴에 상주할 수밖에 없게 되면서 끝났다. 상원의원을 지내며 장장 36년의 세월을 이어온 자신만의 약속이었다.

끝나지 않은 비극, 첫째 아들과 이별하다

2015년 첫째 아들 보 바이든이 뇌종양으로 세상을 떠났다. 보는 델라웨어주 법무장관을 지낸 인재였다. 미국 육군에 입대해 이라크에서 복무했고 공적을 인정받아 미국 육군 대장으로부터 훈공장, 동성 훈장 등을 받았다. 아버지의 뒤를 이을 정치인이 될 것이라는 말이 나올 만큼 전도유망했다.

부통령 재임 시절이던 바이든은 아들 병원비를 보태려 자택을 매물로 내놓을 정도로 지극정성이었으나 보는 1년 9개월간의 투병 끝에 46세의 젊은 나이로 세상을 등졌다.

보가 뇌종양 진단을 받은 직후인 2013년 부자父子가 나눈 대화가 유명하다. 바이든을 초대한 저녁식사 자리에서 보는 "아버지, 약속해주세요. 어떤 일이 벌어지든 아버지는 괜찮을 거라고 말해주세요"라고 거듭 요구했다. 아들이 자신의 죽음을 받아들이기 시작한 것을 직감한 바이든은 가슴이 철렁했다고 한다. 바이든은 "난 괜찮을 거야"라고 겨우 말했지만, 보는 "바이든 가 사람으로서 약속해주세요"라며 재차 확인했다고 전해진다.

보는 무엇에 관한 약속인지는 구체적으로 거론하지 않았지만, 바이든은 그 함의를 이해하고 굳게 약속했다고 한다. 그러나 바이든은 2016년 민주당 대선 경선에 불참했다. 아들을 잃은 충격에서 헤어나지 못한 탓이었다.

이후 2017년 11월 바이든은 아들이 자신에게 건넨 말, "아버지, 약속해주세요"를 제목으로 한 자서전을 출간했다. 그리고 2020년 아들과의 약속을 지키겠다며 다시 대선에 뛰어들었다.

미셸 오바마는 고난을 극복한 그의 회복력은 미국을 다시 일으켜 세울 수 있을 것이라며 바이든 지지 선언을 했다. 오바마는 "조가 어릴 적 그의 아버지는 직장을 잃었다. 그가 젊은 상원의원이었을 때는 아내와 어린 딸을 잃었다. 부통령이 됐을 때는 아들을 잃었다. 조는 빈 의자가 있는 식탁에 앉을 때의 고통을 알고 있다. 그의 인생은 다시 일어설 수 있다는 것에 대한 증언이다. 그는 우리를 치유하고 나아가게 할 것"이라고 말했다.

선거운동이 열기를 더하던 2020년 8월 트럼프의 친동생 로버트 트럼프가 사망하자, 바이든은 "사랑하는 사람을 잃는 엄청난 고통을 안다"며 정치 공격을 멈추고 애도를 표했다.

바이든 정치 인생의 아킬레스건

둘째 아들 헌터는 바이든의 정치적 약점이었다. 헌터는 부통령인 아버지 덕택에 직간접적인 특혜를 누렸다는 의혹에 휘말렸으며, 형수와의 동거나 마약 투약 등 사생활과 관련된 악성 스캔들이 잇따랐다. 도널드 트럼프에게 헌터는 바이든을 공격할 먹잇감

2010년 1월 30일 미국 워싱턴DC에서 열린 농구경기를 관람하고 있는
조 바이든과 그의 둘째아들 헌터

이 됐고, '헌터발 악재'는 선거 코앞까지 대선 판도를 뒤흔드는 막
판 변수로 작용했다.

바이든을 궁지에 빠뜨린 가장 큰 논란은 이른바 '우크라이나
스캔들'이었다. 이 의혹은 기업 로비스트로 일하며 부정을 저지른
헌터가 바이든의 정치적 후광효과로 검찰 수사를 면했다는 논란
으로, 트럼프 측에서 꾸준히 제기했다.

바이든이 러시아의 크림반도 강제병합 이후 친서방 쪽에 선 우
크라이나에 대한 정책을 총괄하던 2014년에 헌터는 우크라이나의
에너지 회사 부리스마홀딩스의 이사로 고용됐다. 그는 매달 5만 달
러(약 6,000만 원)을 받으며 5년간 일했다.

그로부터 2년 뒤 우크라이나 검찰은 회계 부정 혐의로 부리스

마홀딩스를 조사하려 했다. 바이든은 우크라이나 빅토르 쇼킨 검찰총장이 부패 사건을 수사하지 않고 뭉갰다며 그의 해임을 요구했다. 당시 바이든은 우크라이나 대통령에게 "해임하지 않으면 10억 달러 규모의 미국 대출 보증을 철회하겠다"고 말한 것으로 전해진다. 트럼프 측은 "수사를 막기 위해 바이든이 정부를 압박했다"며 집요하게 바이든의 부패 의혹을 제기했다.

트럼프가 바이든에게 '친중' 이미지를 씌운 빌미도 헌터가 제공했다. 헌터는 2013년 바이든 부통령이 무역 협상차 중국을 방문할 때 동행했는데, 얼마 뒤 헌터는 사모펀드 투자회사 '보하이 하베스트 RST'를 세워 중국국영은행으로부터 15억 달러를 투자받았다. 이 자금은 신장위구르 지역 무슬림을 감시하는 모바일앱을 포함한 중국 기술 기업에 투자됐다. 트럼프 진영은 아들에게 특혜를 주기 위해 바이든이 중국 친화적 정책을 펼치고 있다며 물고 늘어졌다.

헌터의 사생활도 꾸준히 입방아에 오르내린다. 헌터는 2014년 코카인 양성 반응으로 해군 예비군에서 불명예 전역했다. 다음해인 2015년 형 보 바이든이 숨지자 아내가 있는데도 형수와 2년간 동거했다는 보도로 미 전역에 충격을 안겼다. 형수와의 불륜 와중에도 또 다른 여성과 관계를 맺어 아이까지 낳게 했다. 헌터는 자신을 향한 논란이 커지자 대선 직전까지 LA 자택에서 칩거했다.

질 바이든, 미국 최초의 일하는 영부인

"미국 역사상 직업을 가진 첫 퍼스트레이디가 탄생할까?"

미국 언론은 바이든 당선 이전부터 아내인 질 바이든에 지대한 관심을 표했다. 질은 오바마 행정부에서 8년간 세컨드레이디(부통령 부인)로 지내는 동안에 "나만의 직업, 나만의 삶을 얼마든지 가질 수 있다"며 교수직을 병행한 드문 사례였기 때문이다.

질은 노던버지니아 커뮤니티 칼리지에서 이민자 등 소외계층에게 영어를 가르치는 전업 교수다. 미국 언론은 교육학 박사 학위를 갖고 있는 그를 '바이든 박사님Dr. B'으로 칭한다. 2020년 8월 언론 인터뷰에서 그는 "백악관에 입성한 뒤에도 계속 가르치는 일을 이어갈 것이다"라고 말했다. 공언대로 교편을 놓지 않을 경우 231년 미국 역사 이래 '첫 직장인 영부인'이 탄생하게 된다.

질은 1951년 뉴저지주에서 태어나 델라웨어대학교를 졸업한 뒤 13년간 고등학교에서 영어를 가르쳤다. 첫 아내와 사별한 바이든과는 1975년 가족의 소개로 만나 2년 뒤 1977년 재혼해 딸 하나를 낳았다. 질은 바이든의 청혼을 다섯 번이나 거절했다고 한다. 그는 "바이든의 두 아들이 다시 이별을 경험하지 않게 하려면 이 결혼에 대해 100% 확신이 필요했다"고 말했다.

2020년 대선 유세 과정에서 질의 존재감은 점차 부각됐다. 질은 한 해 동안 학교에 휴직계를 내고 적극적으로 유세 현장을 돌

2020년 8월 18일 조 바이든과 그의 부인 질이 델라웨어주 윌밍턴에 위치한
브랜디와인고등학교의 한 교실에서 다정하게 서 있다. 질은 이곳에서 남편을
지지하는 연설을 했고, 바이든은 "놀라웠다"고 감상을 전했다.

며 남편에게 힘을 보탰다. 일정이 빼곡히 찬 남편과 지역을 나눠
홀로 플로리다, 미시간 등 경합주를 도는 광폭 행보를 보였다. 대
선을 2주 남짓 앞두고 바이든이 전국 지지율에서 트럼프와 격차를
벌리자 "긍정적인 에너지가 느껴지지만, 그 어떤 것도 당연한 일
로 여기지 않겠다"는 섬세한 메시지를 전하기도 했다.

　2020년 8월 민주당 전당대회의 마지막 연설자로 나선 그의 연
설은 바이든 조력자로서 질의 이미지를 유권자의 뇌리에 새긴 하
이라이트로 꼽힌다. 그는 트럼프에 대한 비난 없이 바이든의 가족
사를 담담하게 풀어냈다. 순탄치 않은 과거를 극복해낸 남편이 분
열된 미국을 하나로 만들 수 있을 것이란 내용이었다. 미국 유권

자의 감성을 자극한 10분간의 생방송 연설을 두고 〈AP통신〉은 "질 바이든은 미셸 오바마만큼 존재감이 있지도 않고 힐러리 클린턴처럼 대선에 출마한 적도 없지만, 노련하고 능숙한 남편의 지지자로서 자신을 증명해냈다"고 호평했다.

바이든 캠프에서 질의 역할은 상상 이상이었다는 평가도 뒤따른다. 〈워싱턴포스트〉에 따르면, 질은 바이든이 러닝메이트로 뛸 부통령 후보군 20명을 11명으로 좁히는 데 크게 관여했다. 그는 CNN 인터뷰에서 "남편의 참모 역할을 할 것이냐?"라는 질문에 "배우자가 자신의 가장 친한 친구이자 참모가 되길 바라지 않나요? 그게 결혼 아닌가요?"라며 반문했다.

한편 바이든에겐 세 살 어린 여동생 발레리 바이든 오언스가 있다. 바이든 캠프에 속해 있지 않지만 막후에서 적극적으로 실력을 행사한 것으로 알려졌다. 〈워싱턴포스트〉에 따르면, 발레리는 전당대회의 주제 가다듬기부터 연설문 검토, 토론 준비, 선거 캠페인 광고 점검까지 많은 일을 망라했다. 트럼프가 놀리던 바이든의 말을 더듬는 버릇을 고친 것도 발레리의 덕택이었다고 전해진다.

바이든은 2010년 연설에서 "발레리는 나를 신뢰할 뿐 아니라 내가 자신감을 갖도록 도와준 사람"이라고 말했다.

오바마부터 해리스까지, 바이든의 전략

"바이든을 부통령으로 정한 것은 지금까지 내가 한 선택 중 최고였다. 그가 대통령이 필요로 하는 모든 자질을 갖췄다고 믿는다."

2020년 4월 14일, 버락 오바마 전 대통령이 드디어 바이든의 손을 들어줬다. 백악관에서 8년 세월을 함께한 그를 민주당 대통령 후보로서 지지하겠다는 공개선언을 한 것이다. 퇴임 후에도 국민들에게 높은 인기를 유지해온 오바마 전 대통령은 자신의 영향력을 인식해 민주당 경선 레이스 동안 공개발언을 자제해왔다. 대신 물밑에서 버니 샌더스 상원의원이 민주당 경선에서 하차하도록 적극적으로 유도하는 등 영향력을 펼친 것으로 알려진다.

그리고 민주당 대권 후보가 된 바이든은 50대 흑인 여성인 카멀라 해리스 상원의원을 부통령 러닝메이트로 지명하며 '고령의 오랜 정치꾼'이라는 자신의 약점을 일거에 날렸다. 정치 경험이 일천했던 오바마 전 대통령이 노련한 정객인 바이든을 러닝메이트로 결정해 약점을 감춘 것처럼 철저히 계산된 선택을 한 것이다.

민주당 대권 후보들의 전략적 선택과 권력욕은 4년 뒤 다시 재현될 것인가. 부통령 재직 후 마침내 백악관의 새 주인이 된 바이든처럼 해리스 부통령 당선자는 4년 뒤 바이든에 이어 미국 대통령 자리를 꿈꾸고 있다.

해피엔딩이 된 '오바마-바이든' 파트너십

2008년 미국 최초의 흑인 대통령으로 당선된 오바마 옆에는 든든한 정치적 동반자 바이든이 있었다. 오바마는 러닝메이트를 물색할 당시 "머리가 희끗희끗한 사람이면 좋겠다"고 말했다고 한다. 오바마보다 스무 살 가까이 나이가 많았던 바이든은 외교·입법 분야 등 정치적 전문성과 연륜으로 그를 8년 동안 성심성의껏 도왔다. 오바마도 중대한 안건을 실수 없이 처리하고 싶을 때 "아무도 바이든을 가지고는 장난치지 못 한다"며 그에게 중책을 맡겼다.

이런 오바마 전 대통령이 전면전에 나선 것은 바이든에게 있어 천군만마와도 같은 호재였다. CNN은 "오바마가 정치적 지형에 공개적으로 재등장했다"고 평가했고, 선거분석업체 파이브서티에

버락 오바마 정부 시절 백악관에서의 오바마 전 대통령(왼쪽)과 조 바이든 당시 부통령 모습. 2020년 8월 바이든은 오바마 전 대통령의 생일을 맞아 페이스북에 위 사진을 올리고 각별한 축하인사를 남겼다.

이트는 "오바마는 바이든에게 성공의 열쇠나 다름없다"고 분석했다.

이후 오바마 전 대통령과 트럼프 대통령의 전면전이 이어졌다. 현직 대통령과 대선 후보가 아닌, 현직과 전직의 싸움이 된 것이다. 오바마 전 대통령은 트럼프 정부의 코로나19 사태 대응을 두고 "트럼프의 리더십은 혼란스러운 재앙"이라고 비난했고, 트럼프는 이에 질세라 '오바마게이트'를 설파했다. 오바마게이트는 지난 미국 대선과 관련된 러시아 개입 의혹으로 오바마 정부가 이를 기획·조작했다는 트럼프 정부의 주장을 말한다.

한때 바이든은 자신의 신임정부가 '오바마 2기'가 아니라는 점을 강조했다. 일각에서 "대선 캠프의 슬로건이 '버락 오바마는 홀

류한 대통령이었다'인가?", "바이든은 이제 오바마 정부 홍보를 그만하고 자신의 첫 정부에 집중해야 한다"는 지적이 이어졌기 때문이다.

그는 2019년 7월 미국 미시간주 디트로이트에서 열린 전미유색인지위향상협회NAACP 연설에서 "차기 정부는 오바마의 정부가 아니다. 우리가 직면한 새로운 문제가 있으며 그때의 문제들과는 다르기 때문"이라며 선을 그었다. 그러나 이런 움직임에 정치전문가들은 바이든이 오바마의 높은 인기를 '방패'로 써야 한다고 조언했다.

CNN은 "민주당 지지자들이 바이든을 좋아하는 것은 그가 역사상 가장 인기가 많았던 버락 오바마의 부통령이었기 때문"이라고 예리하게 분석한 가운데, 민주당 정치 컨설턴트로 활약한 행크 셰인코프는 "바이든이 그런 영예로부터 멀어지려고 하면 할수록 해피엔딩을 맞이하기 힘들 것"이라고 내다봤다.

이는 미국 유권자들에게 단순히 오바마 정부 시절로 회귀하고자 하는 바람이 있기 때문만은 아니다. CNN은 미시간주립대학 공공정책사회조사연구소IPPSR의 매트 그로스먼 소장을 인용해 "민주당원들은 자기 자신을 '오바마 민주당원'이라고 정의할 가능성이 높다"고 분석했다. '자유적·진보적·사회주의적 민주당원'이라는 이념적 성향보다 스스로를 오바마 정부의 민주당원으로 생각하는 경향이 크다는 것이다.

실제로 2016년 대선 경선 당시 출구조사가 진행된 27개 주 설문조사에서도 이 같은 결과가 나왔다. 차기 대통령이 1)오바마 정부의 정책을 이어가야 하는지, 2)더 진보적이 되어야 하는지, 3)더 보수적이어야 하는지를 묻는 질문에 유권자들은 "민주당 후임자는 오바마의 정책을 계승해야 한다"고 응답했다. 이는 다시 말해 차기 대통령이 오바마보다 진보적으로 변해야 한다고 말한 곳은 단 한 주도 없었다는 뜻이다.

　　물론 2016년과 2020년은 상황이 다르지만, 바이든 캠프는 오바마 정부와의 연관성을 중요하게 여기는 유권자들의 마음을 간파했고 민주당 경선과 대선 레이스에서도 결국 승리를 거머쥐었다.

유색인종·여성·50대의 파트너가 된 해리스

　　2020년 8월 10명이 넘는 경쟁자를 물리치고 카멀라 해리스가 부통령 후보로 지명됐을 당시, 그는 거의 모든 방면에서 바이든을 완벽하게 보완하는 러닝메이트로 여겨졌다. 여론에서는 "안전한 결정"이라는 반응 외에도 "역사적이고도 현명한 선택"이라는 평가가 쏟아졌다. 영국 〈가디언〉은 "바이든이 해리스를 선택한 것은 대담하고도 조심스러우며, 급진적이지만 보수적이고, 역사적인 동시에 고루하기도 한 결정"이라며 "결국 해리스는 현명한 선택이 될 것"이라고 평가했다. 여성에다 흑인, 50대라는 젊은 나이, 즉 그녀 자신이 지닌 강점들이 첫 번째고, 민주당 내에서 다져진 탄탄한 기반과 흑인·여성으로부터 높은 지지율을 갖고 있는 정치적 자산이 두 번째 강점이기 때문일 것이다.

해리스 부통령 당선자는 자메이카인 부친과 인도인 모친 사이에서 태어난 흑인-인도계 이민 2세다. 각각 경제학 교수와 유방암 과학자인 해리스의 부모는 성인이 돼서야 미국에 건너왔다. 이른바 '흑인들의 하버드'로 불리는 하워드대학교를 졸업해 검사의 길을 걸어온 해리스는 2010년 캘리포니아주에서 흑인이자 여성 최초로 법무장관에 선출됐으며 2016년 연방 상원의원에 당선됐다.

사실 해리스는 2019년 민주당 대선 후보 경선에 참여했지만 후원금 부족으로 결국 12월 중도하차를 선언한 뒤 바이든 지지 의사를 밝혔다. 그 뒤 조지 플로이드 사망사건으로 시작된 반인종주의 흐름이 전국으로 퍼지자 흑인 여성 정치인으로서 존재감을 부각시켜왔다.

미국정치전문매체 〈악시오스〉는 해리스가 부통령 후보로 지명된 직후 성인 2,847명을 대상으로 설문조사를 진행했는데, "카멀라 해리스를 러닝메이트로 둔 바이든에게 투표하는 것을 덜 또는 더 고려하는가?"라는 질문에 흑인 여성의 43%와 중도·보수 성향의 민주당 지지자 47%가 "더 고려할 것 같다"는 반응을 보여 주목받았다. 호감에서 비호감을 뺀 '순호감도(비호감이 호감보다 더 높을

민주당 대선 경선 후보로 나섰던 카멀라 해리스 당시 상원의원이
2019년 10월 시사주간지 〈타임〉에 등장한 모습

경우 마이너스가 된다'에서도 트럼프 대통령(-11%p), 바이든 후보자
(-7%p), 마이크 펜스 부통령(-5%p)을 앞질렀다.

　해리스가 버니 샌더스 상원의원이나 엘리자베스 워렌 상원의원
과 같은 급진적 좌파 성향이 아니라 중도 온건파라는 점도 장점으로
꼽힌다. 이를 증명하듯이 그의 등판 소식이 공식적으로 알려지자마
자 불과 48시간 만에 5,000만 달러에 가까운 후원금이 모였다.

4년 뒤 백악관 주인까지 노리는 해리스

"우리 해리스 행정부는 조 바이든과 함께… 아니 바이든-해리스 행정부는 소상공인을 위해 1,000억 달러 규모의 저금리 대출 및 투자금을 마련할 것입니다."

2020년 9월 당시 카멀라 해리스 부통령 후보가 말실수로 구설에 오른 적이 있다. 애리조나주에서 소상공인들과 온라인 라운드 테이블 유세를 치르던 중 차기 정권을 '바이든 정부'가 아닌 '해리스 정부'라고 부른 것이다. 보수진영에서는 즉각 비판의 목소리가 나왔다.

폭스뉴스는 "해리스가 잠깐이나마 자신을 대통령 후보로 착각하는 것처럼 보였다"고 지적했다. 그러면서 "무의식중에 흘러나온 것", "그런 뜻을 (마음먹고 있어도) 입 밖에 내면 안 된다"는 인터넷상 의견들을 전하며 그녀의 말실수를 부각시켰다.

이 일은 언뜻 보면 단순한 해프닝 같지만, 자세히 보면 올 여름 이후 정계에서 민주당 '헤비급' 주자로 떠오른 해리스의 존재감을 잘 보여준다. 실제로 미국의 유명 정치풍자 프로그램에서 해리스 역을 맡은 배우는 아이처럼 말싸움을 벌이던 트럼프, 바이든 대통령 후보자와 그 토론회의 사회자까지 모두를 교장선생님처럼 호되게 야단치고 퇴장하는 모습을 보여 웃음을 자아냈다. 이처럼 선거유세 기간 동안 강조된 해리스의 이미지는 '슬리피 조'라 불리던

▌부통령 카멀라 해리스는

1964년	• 자메이카계 아버지와 인도계 어머니 사이에서 출생
1986년	• 하워드대 정치학·경제학과 졸업
1989년	• 법무박사 학위 취득
2004~2017년	• 샌프란시스코 검사장·캘리포니아 주 검찰총장
2017년	• 캘리포니아 주 민주당 연방 상원의원
2019년	• 미 대선 민주당 경선 후보 출마
2020년	• 바이든 러닝메이트로 낙점

출처: 매일경제

바이든과 달리 똑 부러지면서 카리스마 넘치는 정치인이었다.

해리스를 두고 언론은 일찌감치 그를 4년 뒤 민주당의 대통령 후보로 점치는 분위기다. 가장 큰 이유는 바이든의 나이가 고령이라는 점이다. 올해로 78번째 생일을 맞은 바이든은 역대 미국 대통령 중 가장 나이가 많다. 2024년 치러질 대선에 뛰어들 경우 82세가 되는 것이다. 민주당에서는 이번 임기 중에도 만약의 사태인 대통령 유고를 고려하며 부통령을 골라야 한다는 분위기가 강했다. 바이든 또한 선거유세 때부터 스스로를 '전환기 후보 transition candidate'라고 부르며 재선에 나설 뜻이 없다는 점을 시사해 왔다.

이에 대해 영국 〈가디언〉은 "압도적인 이유들로 해리스가 대통령이 되는 것을 상상할 수 있다. 포스트 트럼프와 포스트 코로나

국면에서 새로운 정권이 해야 할 일은 너무나 많을 것"이라고 설명했다. 그러면서 "해리스는 이제 잠재적인 대선 후보로 떠올랐고 그 사실은 그에게 많은 힘을 줄 것이다. 그와 가까워지고 그의 말에 귀 기울이는 것은 민주당에서 해야 할 중요한 일이 됐다"고 덧붙였다.

정권 교체 뒤에 산적해 있을 국정 운영 업무와 코로나19 사태 대응, 경제 회복 등 고령의 바이든을 도와야 하는 해리스 부통령의 역할이 전례 없이 커질 것이라는 전망이다.

바이든 시대의 파워 엘리트

모든 대통령은 초대 내각에서 자신만의 인사 스타일을 보여주려는 욕심이 크다. 역대 정권에서 기시감 없는 신선한 충격을 국민에게 선사하려는 욕구가 그것이다. 반대로 역대 미국 대통령들의 초대 내각 구성 과정을 보면 자신이 유명해지기 전부터 알았던 친구나 지인을 등용하는 사례가 많았다. 능력과 관계없이 믿을 수 있는 사람을 곁에 두고 안정감을 추구하는 식이다.

조지 W. 부시가 절친인 돈 에번스를 상무장관에, 클린턴이 옥스퍼드대학 동창생인 로버트 라이시를 노동장관에 기용한 것과 비슷하다. 초대 내각 구성을 둘러싸고 정치적 이상 또는 열정을 추구하겠다는 한편의 욕심과 안정을 추구하려는 생각이 상충하는 것이 모든 나라의 대통령들이 취임과 함께 갖는 딜레마다.

CNN 등 현지 매체와 〈포린폴리시〉, 〈폴리티코〉 등 정치 전문지들은 2021년부터 새로운 미국을 이끌게 될 바이든의 첫 내각에서 파워 엘리트가 '여성–상원–델라웨어–부통령'이라는 4대 범주 안에서 짜일 것으로 관측하고 있다. 특히 여성 인재 중용을 통한 '유리천장 깨기'는 바이든이 국민에게 신선한 충격을 주고자 하는 제1의 인사 원칙이 될 것이라는 분석이 지배적이다.

바이든은 대선에서 70대 후반의 백인 남성이라는 자신의 최대 약점을 흑인·여성 러닝메이트(카멀라 해리스 부통령)라는 선택지로 한방에 날려버렸다. 초대 내각 작업 역시 '슈퍼 고령자 대통령'이라는 본인의 약점을 최대한 희석시키며 시너지를 일으켜줄 만한 장관과 참모들을 찾을 것이다.

이런 연유에서 2013년 버락 오바마 대통령의 2기 내각 구성 당시 여성 파워가 조명됐듯이 바이든 초대 내각은 역대 어느 정부에서도 보지 못한 슈퍼우먼들의 등장이 예고된다.

수전 라이스, 미셸 플러노이… 슈퍼우먼 인맥

바이든 시대에서 첫 장관 티켓을 가져갈 주인공으로 가장 유력하게 거론되는 인물은 수전 라이스 전 국가안보좌관이다. 자메이카계 흑인인 라이스는 바이든의 부통령 러닝메이트로도 거론됐었다. 한때 "공화당에는 콘돌리자 라이스, 민주당에는 수전 라이스가 있다"는 말을 회자될 정도로 조명을 받았던 관료다. 부시 행정부에서 국무장관을 지낸 콘돌리자 라이스와 비교해 같은 유색인종 여성일 뿐 아니라, 강경한 대외 개입정책을 지지하는 점이 판박이다.

또한 둘은 영국의 아프리카 개입정책을 다룬 옥스퍼드대학교 박사 논문으로 일찍이 주목받은 학자 출신이라는 점도 같다. 매들린 올브라이트 전 국무장관 인맥인 수전은 2008년 선거에서 일찌감치 오바마 지지를 선언하며 캠프에 합류했고, 오바마 정부 출범 직후 흑인 여성으로는 사상 처음으로 유엔 주재 대사에 임명되는 기록을 세우기도 했다.

그는 오바마 행정부에서 2011년 리비아 사태 군사개입 결정을 이끌어낸 것으로도 유명하다. 당시 톰 도닐런 안보보좌관, 로버트 게이츠 국방장관 등 남성 참모들은 군사개입에 반대했으나 오바마 대통령은 당시 힐러리 클린턴 국무장관과 수전 라이스의 손을 들어줬다.

수전 라이스는 거침없는 언행으로도 유명하다. 국무부 차관보 시절부터 상사들에게 눈치 보지 않고 직언을 날렸다. 이 때문에 뛰어난 업무 능력에도 불구하고 '끊임없이 적을 만드는 인물'이라는 부정적인 평가가 따라붙기도 했다. 적극적 대외 개입정책을 지지하는 이른바 '진보적 매파liberal hawks'인 그가 국무장관으로 발탁

2013년 오바마 행정부에서 유엔 대사로 활동하던 시절의 수전 라이스(가운데)

될 경우 대북 정책에 지대한 영향을 미칠 것으로 보인다.

라이스 전 보좌관은 2019년 블룸버그통신과의 인터뷰에서 트럼프 대통령의 대북 정책을 강하게 비판하며 본인의 매파적 기질을 드러냈다. 비난의 골자는 트럼프 대통령이 북한 지도자와 사진을 찍거나 악수하는 동안 북한이 핵실험과 미사일 실험 등 핵 프로그램 개발을 지속했다는 것이다.

그는 "대북제재는 여전히 강경하지만 불행하게도 트럼프 대통령은 북한이 사진 찍기와 악수를 통해 핵무기 개발과 미사일 실험을 계속하면서 핵 프로그램을 지속적으로 개발할 수 있다는 결론을 내리도록 만들었다"고 비판했다. 이어 "미국은 이에 대해 아무 것도 하지 않고 있다. 반면 미국과 함께 대북제재를 했던 러시아와 중국은 대북제재를 완화시켰다"고 지적했다. 게다가 "트럼프 대통령이 김정은에게 받은 아름다운 편지들을 즐기는 동안 미국은 대북제재 기반을 잃었다"고 강조했다.

만약 라이스가 첫 국무장관으로 기용된다면 트럼프 행정부에서 축적된 '정상 간 신뢰'라는 유산은 흔적도 없이 소멸될 가능성이 크다. 국방장관 후보군에는 오바마 행정부에서 국방부 정책담당 차관을 지낸 미셸 플러노이라는 거물급 여성 파워 엘리트가 포진해 있다. 미국 언론들은 미셸 플러노이를 펜타곤 수장 후보 1순위로 꼽고 있다. 만일 그가 임명되면 미국 역사상 첫 여성 국방장관이 탄생한다.

플러노이는 오바마 행정부 당시 국방부에서 여성으로서는 최고 위직인 차관직에 올라 능력을 검증받은 인사다. 2014년 말 척 헤이글 국방장관을 해임한 오바마 대통령이 후임으로 그를 유력하게 검토한 것으로도 유명하다.

2016년 대선 때 민주당 후보였던 힐러리 클린턴 전 국무장관으로

미셸 플러노이 전 국방부 차관

부터 유력한 국방장관 후보로 그의 이름이 거론됐다. 바이든이 그를 초대 국방장관으로 낙점할 경우 공화당도 크게 반대할 명문이 없어 보인다. 여성이라는 상징성뿐 아니라 전문 국방 관료로 능력을 인정받았고, 공화당이 선호하는 매파적 입장을 견지하는 인물이기 때문이다.

국무장관과 국방장관을 모두 매파 여성 관료로 채울 경우 미국의 한반도 외교·안보 정책에 대전환이 이뤄지는 것은 물론, 김정은 정권의 무력도발 위험성이 점증할 가능성을 배제할 수 없는 상황이다.

바이든 행정부에서 여성 의원의 활약은 어디까지 이어질까?

바이든의 상원 인맥에서도 거물급 여성 정치인들이 초대 내각 대상자로 거론되고 있다. 에이미 클로버샤 상원의원과 엘리자베스 워런 상원의원이 그 주인공이다.

에이미 클로버샤 의원은 카멀라 해리스 부통령과 함께 바이든 캠프에서 유력 러닝메이트로 거론된 인물이다. 초대 내각에서 법무장관으로 기용될 가능성이 거론되고 있다.

슬로베니아계 이민자 집안에서 태어난 그는 2018년 12월 미네소타대학 연설에서 "멜라니아 트럼프 여사가 가장 유명한 슬로

베니아계 미국인에서 나를 제쳤다"는 농담을 던져 화제를 모으기도 했다. 미네소타주에서 발생한 조지 플로이드 사건의 시위에서 경찰의 무자비한 연행 과정이 이뤄지자 그는 "나는 숨을 쉴 수가 없다"며 심경을 토로했다. 바이든이 조각 과정에서 미네소타주라는 사회·정치적 상징성과 법치수호라는 법무부 본연의 가치에서 과연 어느 쪽에 무게를 둘지 주목되는 부분이다.

에이미 클로버샤 상원의원

엘리자베스 워런 상원의원은 초대 재무장관으로 하마평이 나온다. 워런은 바이든의 주변 인물 중에서도 가장 스토리가 풍부한 인물이다. 워런은 아버지가 심장마비로 쓰러지면서 13살 때부터 친척의 레스토랑에서 일했다. 토론대회에서 우승해 장학금을 받고 대학에 갔으나 첫사랑과 결혼하기 위해 2년 만에 중퇴했다. 딸이 두 살 때 로스쿨에 들어가 변호사가 됐다. 얼마 뒤 남편과 이혼하는 아픔을 겪었다. 여러 고난을 이기고 하버드대학교 로스쿨 교수를 거쳐 재선 상원의원이 됐다.

특히 파산법 분야 전문가인 그는 2008년 금융위기 당시 연방의회가 설립한 감독위원회 위원장을 맡고 거대 금융사를 규제하

엘리자베스 워런 상원의원(왼쪽)이 2020년 2월 민주당 대선 경선 후보 토론회에서
조 바이든(맨 우측), 버니 샌더스(가운데) 후보와 기념 촬영을 하고 있다.

는 소비자금융보호청CFPB을 창설한 주역으로 활약했다. 경제위기
관리 경험이 충분하다는 것이다.

사실 바이든은 워런 의원에게 마음의 빚이 있다. 워런이 2020년
3월 5일 경선 중도 하차를 결정한 이후에도 바이든의 최대 라이벌
이었던 버니 샌더스 상원의원에 대한 지지를 선언하지 않았기 때
문이다. 아름다운 중도 사퇴 자체로도 바이든은 대선 경선 과정을
양자구도로 좁혀 대응하는 효과를 봤다.

그럼에도 임기 초반 시장에 강력한 경기부양 의지를 보여줘
야 하는 바이든 입장에서 좌파 성향의 워런 의원을 내각에 중용하
기에는 현실적으로 쉽지 않다는 관측이 나온다. 좌파 성향인 워런

의원은 2011년 2분짜리 '부자론' 유튜브 영상에서 "이 나라에서 혼자 힘으로 부자가 된 사람은 아무도 없다"고 주장해 공화당으로부터 "시대착오적 프롤레타리아 혁명 선언"이라는 비난을 받았다.

민주당 대선 경선 과정에서는 부유세 관련 입장으로 또다시 '과격 좌파'라는 꼬리표가 붙었다. 재산 5,000만 달러(560억 원) 이상의 부자에게는 2%, 10억 달러(1조 1,200억 원) 이상에는 3% 재산세율을 부과하는 '초백만장자 세금Ultra-millionaire tax'을 공약으로 내놓았기 때문이다.

부유세는 일정 기준 이상의 재산이나 소득에 고율의 세금을 매기는 것으로, 가뜩이나 급격한 법인세율 인상 등 증세 논란을 일으킨 바이든 입장에서는 초대 재무장관에게 좌파 꼬리표가 붙는 상황을 목도하고 싶지는 않을 것이다.

정치판 동지들 "한번 믿으면 끝까지 간다"

상대적으로 남성 파워 엘리트는 바이든과 정치판에서 동고동락했던 의리파 인물들이 집중 거론된다. 바이든을 최근접에서 보필하는 백악관 비서실장으로 유력한 론 클레인 변호사가 대표적 사례다.

민주당 진영에서 최고의 선택이 될 것이라고 지목되는 론 클레

론 클레인 전 비서실장

인 변호사는 지난 1987년 바이든 후보의 선거 캠페인에 합류해 가장 강력한 정치적 동지 관계를 형성하고 있다. 바이든 부통령 시절 비서실장을 역임한 그는 민주당 내부에서도 적이 없는 바이든의 인맥으로 손꼽힌다.

2002~2008년 바이든이 상원 외교위원장이던 시절 보좌관으로 일했던 토니 블링컨도 백악관 국가안보보좌관 또는 국무장관에 발탁될 수도 있다는 평가를 받고 있다. 이번 바이든 대선 캠프의 외교안보팀 좌장역을 맡은 이력이 그 근거다. 그는 바이든의 외교·안보 공약에서 미·중 대결 방향을 '힘의 우위를 통한 경쟁'으로 잡는 것을 포함해 핵심 사안들을 관장했다. 바이든이 부통령이 됐을 때도 그대로 안보보좌관으로 올라가 백악관 국가안보 부보좌관, 국무부 부장관 등을 두루 거쳤다.

토니 블링컨은 수전 라이스처럼 트럼프 행정부의 대북 정책에 대단히 회의적인 입장을 가진 인물로 전해진다. 그는 김정은 국무위원장을 '최악의 폭군 중 한 명'으로 지칭하며 트럼프가 김 위원장과 세 차례 회동한 데 대해 "세계 최악의 독재자를 미국 대통령과 동등한 반열에 올렸을 뿐 아니라 그들을 달래려고 동맹과 군사훈련을

토니 블링컨 전 국무부 차관

제이크 설리번 전 부통령 국가안보보좌관

중단하고, 경제적 압박의 페달에서 발을 뗐다"고 힐난한 바 있다.

바이든의 외교·안보 참모인 제이크 설리번도 국가안보보좌관으로 입성할 수 있다는 평가가 나왔다. 옥스퍼드대학교 로즈 장학생 출신인 설리번은 힐러리 클린턴 상원의원의 보좌관 출신으로 2008년 대선 경선을 도왔다.

클린턴이 오바마 행정부 1기 국무장관이 된 뒤 국무장관 부비서실장을 맡았다. 이후 오바마 2기 때 바이든 부통령 안보보좌관으로 합류했다. 2016년 대선 때는 다시 클린턴 후보의 외교·안보 정책을 총괄한 인물이다.

바이드노믹스

초판 1쇄 2020년 11월 16일
초판 2쇄 2020년 11월 30일

지은이 매일경제신문 국제부
펴낸이 서정희
펴낸곳 매경출판㈜
편집 유화경 여인영 옥다애 고원상 정혜재 조문채
마케팅 신영병 이진희 김예인
디자인 김보현 이은설

매경출판㈜
등록 2003년 4월 24일(No. 2-3759)
주소 (04557) 서울시 중구 충무로 2(필동1가) 매일경제 별관 2층 매경출판㈜
홈페이지 www.mkbook.co.kr
전화 02)2000-2630(기획편집) 02)2000-2636(마케팅) 02)2000-2606(구입 문의)
팩스 02)2000-2609   **이메일** publish@mk.co.kr
인쇄 · 제본 ㈜M-print 031)8071-0961
ISBN 979-11-6484-197-4(03340)

책값은 뒤표지에 있습니다.
파본은 구입하신 서점에서 교환해 드립니다.